马彬题词:"文馨德扬,芳华硕果,大善于人,坚韧与生。"

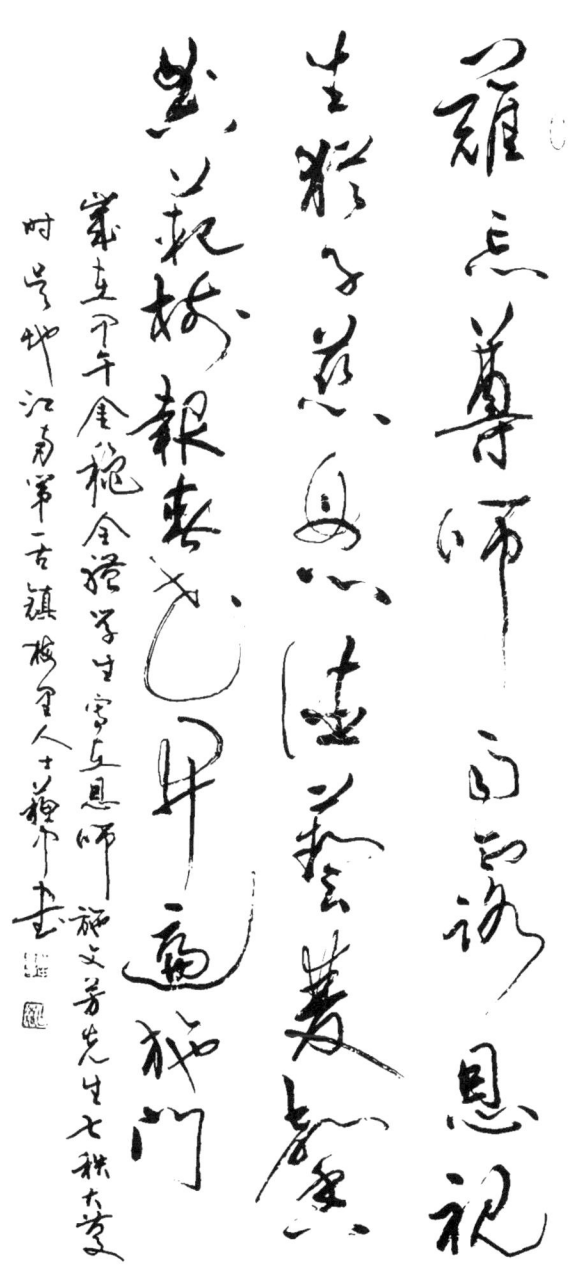

倪锡良（无锡泰伯书画院院长）题词："难忘尊师雨露恩，视生犹子慈母心，德艺双馨典范树，报春花开遍施门。"

POLYMERIC LIFE
UNDER THE SUN

———

SHI WENFANG

———

张华兵 著

阳光下的聚合人生
施文芳传

同济大学出版社
TONGJI UNIVERSITY PRESS

图书再版编目（CIP）数据

阳光下的聚合人生：施文芳传 / 张华兵著 . -- 上海：同济大学出版社，2021.8

ISBN 978-7-5608-8438-7

Ⅰ. ①阳… Ⅱ. ①张… Ⅲ. ①施文芳－传记 Ⅳ. ① K826.13

中国版本图书馆 CIP 数据核字 (2021) 第 154250 号

阳光下的聚合人生： 施文芳传
张华兵 著

责任编辑　吕　炜
责任校对　徐春莲
装帧排版　唐思雯

出版发行	同济大学出版社　www.tongjipress.com.cn	
地　　址	上海市四平路1239号　邮编：200092　电话：021-65985622	
经　　销	全国各地新华书店	
印　　刷	上海安枫印务有限公司	
开　　本	889mm×1194mm　1/32	
印　　张	6	
字　　数	161 000	
版　　次	2021年8月 第1版　2021年8月 第1次印刷	
书　　号	ISBN 978-7-5608-8438-7	
定　　价	68.00	

本书若有印装质量问题，请向本社发行部调换　版权所有　侵权必究

序

光阴易逝,施文芳教授辞世已三年有余。她在中国科学技术大学(下文简称"中科大")任教期间对我校教学、科研和行政管理工作方面所做出的贡献,她的人格魅力、奋斗精神和事业成就都令人难忘与敬佩。她是个为人正派、自信乐观、热情善良、乐于助人、非常坚强而又有担当的杰出女性。

我于1990年5月入职中科大。由于校务和科技研发等工作关系,我和瞿保钧、施文芳教授夫妇有过许多联系。在这三十多年间,我目睹了施文芳教授的自强不息、孜孜不倦地不断进取。她年近五十还获得了瑞典皇家工学院高分子系理学博士学位,回国后致力于教书育人、科技研发以及推进我国辐射固化技术产业化快速发展等,在诸多方面都取得了令人瞩目的成就。

施文芳教授钟爱教育事业,讲授高分子和辐射化学课程,培养了众多博士生、硕士生和本科生,桃李满天下,极大提升和促进了相关学科的发展壮大,学生中有的已成为学科前沿领军人物。

施文芳教授长期从事属于国际前沿科技领域的紫外光固化和辐射化学的教学、教务、科研和产业化应用,其成果丰硕,令国内外学术界刮目相看。

施文芳教授曾主持科技部"国家重点基础研究发展计划(973计划)"、中国科学院"知识创新工程"子课题、多项国家自然科学基金重点项目、教育部博士点基金项目和国内外企业的合作项目等,其间她还在国内外核心期刊上发表了两百多篇学术论文,在国内外诸多学术会议上发表主题演讲,为中科大和我国相关学科的发展做出了很大贡献。

施文芳教授曾联合国内高等院校、研究机构和相关产业界,牵头创建了"全国辐射固化协会",并持续担任协会的重要职务。在国内外进行广泛的学术交流和产业化的研究与协调，极大提升了我国辐射固化产业在国际上的影响力，并推动了我国辐射固化行业走出国门、面向世界。

施文芳教授曾担任中科大应用化学系主任、高分子科学与工程系主任和中科大外事办公室主任以及其他社会兼职。在系主任岗位上，她充分认识到学科的发展取决于人才资源，因此引进了大批优秀人才，促进了中科大相关学科的迅速发展。在外事办主任岗位上，她创办了中英双语外事简报，首次引入外国留学生到中科大学习，加强了中科大的国际合作与交流。她在建立中科大国际合作关系、组织留学生"走出去、引进来"的工作和提升中科大的国际影响力等方面做出了开创性的贡献。在前后十多年担任国家自然科学基金会工程与材料科学部评审专家组成员期间，她不仅关爱本校高分子学科的后辈青年才俊，而且培养和扶植了一大批兄弟院校的杰出人才。

施文芳教授是中科大的一名诚挚而有成就的出彩校友，令校内外无数人敬佩。她在四十多年的科研和教学生涯中潜心钻研，辛勤耕耘，诲人不倦，无私奉献，为中科大教育事业、我国高分子学科和辐射固化行业所做出的重大贡献将铭记在人们的心中。她一生光明磊落，追求理想。她为自己所钟爱的事业不懈奋斗、忘我工作的精神和乐于助人、总为他人着想的崇高品德将永远值得我们和后辈青少年学习！

汤洪高

2021 年 5 月

注：汤洪高教授，1939 年出生。曾任中国科学技术大学党委书记、常务副校长、校长，第十届全国人大常委，中共第十四届中央候补委员，中共第十五届中央候补委员，后替补为中央委员。

目录

- 1 **1 家世篇 从农家女孩到大学教授**
- 2 　家乡启东
- 5 　父亲施宗乔
- 9 　母亲张志兰
- 11 　一个家族的奋起
- 13 　家族的主心骨
- 15 　农民的女儿

- 17 **2 成长篇 理想的追寻与坚守**
- 18 　苦乐童年·阳光少女
- 22 　艰辛的中学时代
- 26 　非常岁月的大学生涯

- 31 **3 婚恋篇 科大校园里的"神仙眷侣"**
- 32 　校园初恋
- 34 　五七钢厂的淬炼
- 35 　爱的考验与结晶
- 39 　重返中科大校园

- 41 **4 教学篇 亦师亦友亦慈母**
- 42 　学生眼里的"妈妈老师"
- 44 　你再也不会遇到这样的"老板"
- 48 　亦师亦友话恩师
- 51 　做人做事做学问的全能型老师
- 54 　三个研究生的故事
- 56 　"关门弟子"的回忆
- 60 　一封永远发不出的信
- 64 　桃李满天下

5 科研篇 勇攀科学的高峰
- 68 远赴瑞典"取真经"
- 74 国内开创前沿学科
- 76 再赴瑞典攻读博士学位
- 78 深耕细作,硕果累累
- 82 领军中国辐射固化行业
- 85 推动科学技术转化为生产力

6 家庭篇 一路陪伴的幸福
- 90 比翼双飞在人间
- 93 小小少年在成长
- 98 热爱生活
- 100 妈妈,我们爱您

7 晚晴篇 一辈子不长,只要尽过心用过情
- 104 朋友一生一起走
- 108 有一种生活叫向死而生
- 112 芳华永逝

8 缅怀篇 爱不会离开,我们永远在一起
- 116 最后的告别
- 117 唁函唁电选

- 124 附录 A 施文芳家庭要事年表
- 127 附录 B 代表性科研论文、专题等成果
- 135 附录 C 亲友追忆录
  - 135 追忆爱妻施文芳的出彩人生 / 瞿保钧
  - 147 我生命里最爱与最钦佩的人 / 瞿欣
  - 148 您是我能要求得到的最好的奶奶 / 瞿杰米
  - 150 我一生中最好的姐妹 / 施瑞香

- 180 后记

1 家世篇
从农家女孩到大学教授

　　生命是一次漫长的旅程。生活本身就是一种承受，承受痛苦，承受幸福，承受平淡，承受孤独，承受失败，承受责任，承受爱，付出爱……人生有好多无奈，当自己改变不了环境时，可以学着悄悄改变自己；当改变不了现实时，可以试试改变态度；当自己改变不了过去时，可以用改变现在来证明自己；我们不能预知明天，但可以把握今天。在人生旅途中带上自己的阳光，照亮自己的心灵。心灵的力量是无穷的，它可以把一朵花变成一座花园，也可以把一滴水变成一捧清泉。幸福其实就是一种心境，只要你心中有阳光，无论走到哪里，无论发生任何事情，你都会觉得是幸福的。

——施文芳·早安心语

·家乡启东

在中国地图上,长江如一条巨龙从巍巍昆仑穿越中国大地直扑东海。江海交汇处的龙头,下颚是上海,上颚是启东。

启东位于江苏省东南部,万里长江入海口北侧,三面环水,形似半岛,全境系长江口不同时期河相、海相沉积平原,启自长江之端,长自沧海之沿,是中国版图上成陆时间最短的一片疆土。汉朝以前,这里还是江口海域,古称"东海瀛洲",沙屿不时出没于大海波涛之中;清代中叶前,长江口崇明北侧陆续涨出小沙洲,至清末连成一片。启东这块新陆,在江海的交相作用下不断往复消长。自古以来,勤劳勇敢的人民世世代代在这里固淤造陆,围垦造田,挑泥筑坝,守陆保田。"开垦开到日出处,筑坝筑到定水边",一代代人接力用智慧与汗水拓展民族生存的疆域。因在江北大陆最东端,而且陆地面积不断向东增长,"启吾东疆",1928 年始设启东县,1989 年撤县建市,由南通市代管。

启东与上海隔江相望,距浦东直线距离仅五十多公里,集黄金水道、黄金海岸、黄金通道于一身,是出江入海的重要门户。这个两百年前还在海底的地域,如今已是全国百强县级市,全国著名的"海洋经济之乡""电动工具之乡""建筑之乡""教育之乡""版画之乡",被誉为"江海明珠"。

启东西侧与海门交界处,自古传为龙穴宝地,曾有白龙出世在此留下九道湾,人称九龙湾,后形成集镇,名曰九龙镇。为祈福此地永久兴隆,又改名"久隆"。

1945 年 11 月 7 日(农历十月初三),江苏省启东县久隆乡新邦村(现启东市王鲍镇庙桥村),一个普通施姓农民家庭喜添新丁,降生一名女娃,父母给她起名施文芳。

谁也不曾料想到,这个不起眼的农民家庭里诞生的这个不起眼的女娃,日后会成为一名著名科学家、国内高分子材料化学界的领军人物之一!

因为这个家庭,实在是太普通了,世代务农,家境贫寒,没有任何显赫背景和家世传承,与现代科技文明距离遥远,甚至不知高分子材料化学为何物。

庙桥村位于启东市西侧与海门市接壤处,东至天星河,西至宽心河,南至协新河,北至崇海河,东临长久公路,北靠南海公路,沪陕高速公路穿村而过,交通便利。全村现有45个村民小组,全村总户数为1112户,总人口为2772人,耕地总面积有2957亩。近年来,庙桥村先后获得启东市文明村、全国一村一品示范村等荣誉,特产庙桥山药远近闻名。

在新中国成立前,庙桥村由于地处相对偏僻、交通不便、基础设施差,这一带的经济相对落后。如今走进庙桥村,棋盘式格局的田野阡陌纵横,一幢幢小洋房星罗棋布于乡村路边,一派社会主义新农村景象。与施文芳幼时成长的环境相比,可以说是天壤之别。

寒门,缺乏的是物质基础,不缺的是精神意志。施文芳从这偏僻贫困的农村鱼跃龙门,从农民家庭奋斗发展到高知家庭,用现实印证了"寒门出贵子"这一励志名言。

施文芳的祖祖辈辈都是农民,依靠出卖劳力维持生计,延续后代。她的祖父施元康(1883—1963),是做长工的佃户出身,十二岁那年施文芳的曾祖父去世,家里连一口棺材都买不起,还是乡邻帮助弄来一口化材(已下葬过人的二手棺材),草草入殓下葬。父亲去世后,施元康讨过饭、做过短工、做过长工,十九岁进入一个富农家做了十八年长工。穷则思变,施元康奋发图强,靠做长工的收入在新邦村建起了小草屋,二十一岁娶上了媳妇(孙氏),养育了三个子女。施元康立足家园辛勤耕耘,特别注重培养子女读书。后来三个子女都得到了不同程度的文化教育,大儿子施宗乔(施文芳的父亲)读了四年私塾,二儿子施国成师范(中师)毕业,小女儿施翠兰读到初中。

在艰难困苦的岁月里,施元康的勤俭持家和忠厚品德是他得以安身立家的"护身符"。他早年曾捡过人家从菜上剥下来的残叶做菜,也捡过别人从鱼身上刮下的鱼鳞来做汤,冬天做成的鱼冻是一道他认为的难得的美味。他常年早起,背个粪筐,拿把锄头去村头巷尾捡狗粪做肥料,以提高农作物产量;还常年经营着一块小菜园,种植芋艿、山药、西瓜、大白菜等各种瓜蔬,一方面改善自家伙食,另一方面手提肩挑到附近集市去卖几个钱补贴家用。据说,在十八年做长工期间,他因勤恳劳作和忠厚做人得到东家上下看重,东家曾有意将小姐许配给他,但施元康自认为两人贫富悬殊,日后难保小姐的生活幸福,婉拒了。这种出自本能的善良和责任感,伴随他一生。

1944年中国共产党领导新四军东进后,在启东一带实行"二五减租"政策。施元康努力积攒财富买地,到1947年土改时,已拥有草屋1间,田8亩,被评为富农。因他是勤劳致富,没有雇工也没有经商,而且平时性格随和,待人热情,能辨是非,在当地广有口碑,因此在土改运动中,除交出5亩16分田外,未受任何冲击。

施文芳曾回忆幼时印象里的祖父。他一直居住在一间又矮又暗的小屋里,房间隔成两半,里屋摆着一张又低又小的床。小屋门前是一块面积不大的葱地,成行种下的小葱,露出洁白的葱茎,没多长时间就长成了绿油油的一片。她去四十里外的启东县城汇龙镇读中学一般都是步行。有时候祖父会偷偷地给她五角钱,要她乘二等车(载人自行车,当时启东的主要交通工具)去学校。在她的印象中,祖父对几个孙子孙女都很亲切、爱护,十分支持孙辈上学、读书。她祖父即使穷到山穷水尽的地步,也保持着善良本性和爱好读书的习惯,一定要后辈认真读书学习。几十年后回忆起来,他那中等的身材、瘦削的面颊、精明的思维和慈祥的面容依然留在施文芳脑海中。

施元康虽然文化水平不高,但在启东江海文明的影响下,"崇文、重教、尚德、兴业"的启东人精神品格在他身上体现得淋漓尽致,并通过他的言行潜移默化地传承给子孙后辈,成为家族受用不尽的精神财富。

·父亲施宗乔

施文芳的父亲施宗乔生于1918年,也是地地道道的农民。虽渴望承继"耕读传家久,诗书继世长"的优良家风,但由于家里十分贫困,仅读过四年私塾,十五岁稍有体力即开始跟随他的父亲一道摸爬滚打,承担起家庭生活的重担,常年面朝黄土背朝天耕种。二十九岁娶妻成家,生下五个子女,逐步繁衍成一个大家族。家乡解放后,他担任过村上的财务助理和水利测量员,后来做过泥瓦匠、大队会计。改革开放后卖过海鲜,在常熟小商品市场摆摊卖过竹签,在二儿子施文冲创办的厂子做过门卫,在启东县城批发过鞋帽和日用品。为了家庭生计,仿佛没有他干不了的活,也没有他吃不了的苦。

尽管施宗乔只读过四年私塾,但他对读书的理解超过了他那个时代的常人,达到了很高的境界。他从自己漫长的艰难生活及奋斗历程中,悟出人生走出困境、拥有光明前途的唯一途径,就是读书、长知识、懂技术。他清楚地懂得,读书是获取智慧的钥匙,是人生走向成功之路的阶梯。因此,施宗乔不顾家境困难,不惜一切代价,克服千难万苦,哪怕借钱都要让五个子女上学读书。这种崇尚读书的理念主导了他的一生,培养子女读书成为他终生追求的目标。施文芳从记事开始,就感觉到家里宽松、和谐的氛围与其他人家不一样,父母亲常常鼓励子女用功读书,对优秀者褒奖有加。

施文芳姐弟一直记得父亲"为人忠厚、宽厚待人、以礼待人"的秉性。在解放前,他把辛勤劳作和省吃俭用积累的钱财用于购买土地,使三个尚小的儿子将来都有一块可赖以生存的土地。在解放前夕的土地改革中,这些土地的相当一部分被分给了别人,而他们的家庭成分因此被评为"上中农"。土地得而复失并未打击到他,他迅速振作精神,为子女前途谋划调整方向,悉心培养五个子女读书。他对待子女可谓鞠躬尽瘁,死而后已。

在那个年代,一家七口能够解决温饱问题就很不容易了,还要供养五个子女读书,在别人看来是不可思议的事,是浪费劳动力,会受人讥笑。但施宗乔目标很坚定，宁愿自己多吃苦，也要让孩子们走出去。他在上海做苦力、做小生意，回家后就在自留地种果蔬卖，下雨不能出工就在家编芦苇扎扫帚卖钱攒学费。他手掌患了一种俗称"鹅掌风"的癣，天冷皮肤就容易开裂、不能沾水，始终治不好，但他往往满手贴着胶布坚持下水劳作。一天，返乡务农的小儿子施文球看见父亲在扎扫帚，就上前帮忙整理高粱秆穗，想让父亲省力一点，谁知父亲愤然抢过儿子手上的高粱秆穗，严厉地说："你读了书，就要用起来。如果还是重操我的旧业，那我培养你有什么意义？你应该放下这些活，走到社会上，与那些有文化、有知识、有成就的人去交往，以后才能有所发展，有所成就。"父亲的这番教诲，激励了儿子一辈子，也激励了姐弟几个一辈子，促使他们一步步走上更广阔的人生道路。

新中国成立初期，父亲曾多年只身一人到上海等地打工，为儿女赚取学杂费。当时打工这种情况很少，属于违法行为，他经常受到警察盘问。有次警察盘问时打开他的皮夹子，发现里面只有他当时刚上小学的二女儿文芳写给他的一封信，信中体现出的父女情深感动了警察，于是警察就放了他。他一个人在外风里来雨里去，饥寒交迫也不向家里人说，一个人顶着，免得家人牵挂担忧。有次他在上海拆一座双体旧墙，墙体意外倒塌，他受重伤多处骨折，后在朋友的帮助下进医院治疗，痊愈回家后家里才知道此事。1959—1962年的"三年困难时期"，正是子女们长身体的时候。生产队食堂定量供应粗粮，他全部拿回家，却说自己已经在食堂吃了，不饿，而且吃饭时总是慢一点，先让孩子们吃饱，结果五个孩子都健康成长，只有父亲一人因饥饿得了浮肿病，埋下了胃病的根子。

施宗乔为人忠厚，和睦亲邻，一生中宁可别人负他，而不愿有负别人。他时常告诫子女吃苦在前，享受在后，不怕吃亏，并用自己的言行教育子女做人的道理和对社会的责任，用深沉的情怀诠释博大的父爱。施文芳在上中学期间，星期六下午与朋友结伴步行四十里路，回到家已是傍晚时分，看见父亲从生产队放工回来顾不上劳累，放下工具就到宅前自留地上拔草、种植、浇水，还要准备第二天清早到集市上卖的蔬菜、瓜果，一直忙到天黑。施文芳蹲在灶后添柴烧火帮母亲做饭，眼泪却不由自主地往外流，有时会被母亲发现，但母亲从来不问，她知道女儿舍不得他们这么辛苦！星期天父亲借别人家的自行车送女儿到汇龙镇或者送到新港镇汽车站（离家十多里路）。不管冬天寒风刺骨，还是夏天热得汗流浃背，他完全不顾。一路上，他不断地给女儿讲述家史和做人的道理。从那时起，施文芳就下定决心，立志好好读书。她认为，只有好好读书，才有机会报答父母的培养和付出的辛劳。

施宗乔一直很重视培养子女读书，子女们也没有让他失望。"文革"前，大儿子文明初中毕业后学医，大女儿文秀考上启东师范，二女儿文芳考上中国科学技术大学（简称"中科大"），二儿子文冲以启东中考状元的成绩被南通中学录取，小儿子文球是启东中学少先队大队长。然而"文革"的爆发，使最小的两个孩子失去了继续读书深造和外出工作的机会，被迫回乡务农。面对已长大成人却农事不精的两个儿子，面对村里一些人明里暗里"读书无用"的嘲讽和偏见，施宗乔在家人特别是两个儿子面前从来没有表现出丝毫的失望与无奈，而是加倍地辛苦劳作，要给两个儿子盖房成家。在生产队劳作之余，他全身心扑在自家有限的自留地里种蔬菜，挑到新桥镇和更远的三阳镇去卖，起早贪黑，风雨无阻。两个儿子无法在只有一间房子的家娶媳妇，他到处借钱，给儿子各自建起了两间小瓦房。为了省点盖房子的钱，他一个人骑自行车到两三百公里外的大运河和淮河边购买便宜木材，然后绑在自行车上，连夜推回来，到家已经是第二天天亮了。

"文革"结束后，1977年高考重启，施宗乔一听到消息，第二天清晨就去动员已成家并有两个孩子的施文冲去上考场。本已熄灭了大学梦的施文冲在父亲的鼓励和陪伴下，如愿地考上了上海工业大学（现上海大学）自动化系，人生轨迹得到根本改变。施文冲获得学士学位后在电力系统工作了十二年，承担国家级重大科研项目，后创办江苏现代电力科技股份有限公司，这家公司现已发展成为江苏省创新型企业、国家火炬计划重点高新技术企业。

改革开放后，施宗乔夫妇随小儿子施文球搬迁到启东县城居住生活，年过六旬的施宗乔执意自食其力，自谋生计，乘改革开放的东风，从苏南采购鞋帽纺织日用品，在启东县城户外摆摊售卖。虽然年事已高，但他极其认真，把一个小摊点当作一个企业来经营，赚钱有道。

施宗乔虽然只读过四年私塾，但他文章做得漂亮，字也写得漂亮，他的钢笔字看似娟秀，实则用笔遒劲，一笔一画工工整整，一点都不马虎。1982年，他在合肥居住时创作了一篇《读书之乐》，抒写自己对读书的理解和渴望："凡能活泼思想，开启心智，使愚昧一变而聪明者，其唯读书乎。夫读书能增长智识，陶淑性情，扩充见闻，舒展思想，充足学问，有可断言者耳。读历史，可知古来贤君明主忠臣烈士之迹；读地理，可知全球形势及山川之名胜者……忆余在幼时，肄业于本村私塾，无智无识，终日以游戏为乐，至学无进步，马齿徒增，心甚苦。后余感觉，乃旋入盲民学校肄业，今将届卒业，幸赖良师教诲，循循善诱，博吾以文，约吾以礼，且同学互相切磋琢磨，济济一堂，诚可乐也。"通篇文言文，用词准确，表达流畅，一点也不佶屈聱牙，反映出其不凡的古文功底。施文芳认为："《读书之乐》是父亲留下的宝贵财富，是我们后辈前进道路上永久不熄的明灯。"

1982年春天，施宗乔写下另一篇《余之志愿》，感悟"射有的而后可望中，舟有舵而后可前进，人有志而后事乃成，故志愿为人生所必须者也"，表达了对于"有志者，事必成"的信念以及对后代的期望：不仅读大学，还要游西洋，研究欧美科学、政治和军事。他是一个普普通通的农民，但他具有强烈的"国家兴亡，匹夫有责"以及"先天下之忧而忧，后天下之乐而乐"的爱国情怀。他对后辈寄予了莫大的希望，期望他们树立振兴中华的责任感。他相信中国将成为"猛勇之虎狮"，富饶美丽，国泰民安，科技发达，雄立于世界民族之林。"诚若此者，则物博地大之中国，人众之国家，而亦不患不强矣。今志愿予之如是，果能达否则在予之努力矣。"

施宗乔悉心养育子女，对孙辈更是谆谆教诲，循循善诱，关怀备至。他在临终前的半个月，仍念念不忘嘱咐孙辈们好好读书，努力做对社会有用的人。他对生死持豁达乐观态度，在病危期间重复多次的一句话就是："江山常在，人寿难逃。"1990年2月27日，施宗乔因胃癌晚期医治无效病逝，享年七十三岁。施文芳说，父亲离开时，没有给后代留下很多的财产，却留下了美好的德行，使后代用之不尽。

·母亲张志兰

施文芳的母亲张志兰于1917年出生于新邦村，家里穷得可怜。她的父亲张元岐是晚清秀才，在当地是学问和品德都很有名气的教书先生，可惜年过三十岁即英年早逝；继而母亲杨氏也在五年后过世，四个女儿张彩芝、张贵芝、张志兰、张兰芳由此陷入极其贫困和绝望的境地，一年之内分别被送出去做童养媳或被卖。三女儿张志兰就是施家的童养媳，六岁就到了同村的施家，二十二岁和施宗乔成亲，养育了五个儿女。一生多难的她，却奇迹般地活了九十六岁，于2013年1月22日因年老体衰多病并发辞世。

张志兰不认识一个字，但这并没有阻碍她在农村成为一名坚强的女性。她自幼进入当时家境还十分清苦的施家，没有娘家人呵护，操持家务，任劳任怨，为施家境况好转做出了很大贡献。成家后，为了让子女读书、有更好的出路，丈夫长期外出打工，她一人在家操劳一家人的衣食之需和生活起居。白天下田侍弄家里的五六亩地，家里养着鸡鸭猪羊等禽畜，晚上在煤油灯下纺纱织布，缝衣纳鞋，陪着孩子们看书写字。在农村集体化年代，劳动收益以记工分的形式分配，女性劳动力工分低于男性。有的人家一年到头收支"倒挂"，而张志兰即使在丈夫外出打工的年份也没有出现"倒挂"现象，可见她的勤奋和辛劳。

改革开放前生活在农村，参加集体化劳动，免不了会有分配不公、邻里相争、攀比忌妒等现象。有人讥讽张志兰让子女全部去读书是不自量力，她却泰然处之，依然一如既往地支持和鼓励子女读书，坚信有文化才有出路。面对邻里之间的矛盾，她总能本着宽容谅解之心，不妄议家长里短，大事化小，小事化了，正确地处理解决。就连叫花子上门讨饭，她都吩咐家人多给点，宅心仁厚可见一斑。改革开放之后，随小儿子施文球迁到启东县城居住生活，张志兰仍不服老，不愿接受子女奉养，与丈夫一起在汇龙镇户外小商品市场摆摊赚钱，维持生计并小有积余。

施文芳曾著文《母亲，我们爱你》回忆母亲，"漂亮优雅，聪明能干，识大局，懂事理"。她一生勤劳，任劳任怨，深爱着这个家，深爱着她的儿女和子孙。1973年8月，施文芳夫妇从邯郸工厂调回中科大工作，初始学习和工作时间都十分紧张，就把十个月大的儿子瞿欣送回启东老家，让母亲张志兰帮着带了一年。第二年暑假，母亲又和外孙一起来到合肥，在女儿家料理家务、照顾外孙。1992年在女儿女婿都出国的情况下，她又来到合肥照顾正在中科大上大学三年级的外孙瞿欣，在此期间得了脑中风，才消停下来。虽然张志兰幼年父母双亡，晚年丧夫，又不幸于1993年患病半身不遂，瘫痪二十年，但她一直端庄、美丽、爱干净。患病后虽不能外出，但每逢子女回家看望，她都要求他们给她买品牌护肤品和漂亮毛巾，要求保姆天天给她梳头。因此，直到临终已是九十六岁高龄，她看起来还是那么清秀。

张志兰在老年时皈依了基督教。1992年8月她来到合肥时，带了一个小本子，基督教堂的姐妹们给她抄了几首唱诗班诗词，要施文芳教母亲念。施文芳惊奇地发现，母亲识字很快，记性很好，教了几遍后就能自己念，而且可以读出任意挑选的诗句。当时张志兰已经七十六岁高龄，还有如此悟性，可见很聪明，不愧为秀才的女儿。后来她对儿孙说，她每天都祷告，祈求全家平安幸福。尽管重病缠身，但仍不忘后辈的安康。

晚年患病后，张志兰随小儿子施文球在苏州生活。其他子女去看望她，她从来没有悲悲戚戚，总是叮嘱子女做好工作，管好家事，不需要常来看望。施文芳每次回去都想给她买些好菜，烧些好吃的，但她总怕女儿花时间太多，再三督促她去念书。在年三十晚上，施文芳在床边的方桌上边翻翻书，边看着电视，嘴里吃着花生和瓜子，母亲则安静地躺在床上，时不时地与女儿聊上几句家常话，这就是母女俩的幸福时刻。

张志兰临终前一年，已经眼盲耳聋，可当她知道施文芳在她的床边时，就以她嘶哑的声音对女儿念叨着："念书去呀……"施文芳大声告诉她："我已经退休不上班了，不用再念书了。"一转头，女儿的眼泪止不住地流下来。到这个时候，母亲还在惦记着女儿的前途！

施文芳对父母的养育之恩一直铭记在心，拿到第一个月工资时想到的第一件事就是要给父母汇点钱。晚年患病期间，她不顾抱病在身，独自整理已故父母的照片等原始资料，在2017年10月编印出一本纪念父母亲的文集《施宗乔先生、张志兰女士诞辰百年纪念册》，寄托她无尽的思念，为整个家族留下一笔无比珍贵的精神遗产。二十世纪八十年代曾任中共南通市委书记的离休老干部朱剑亲笔为纪念册题词："优良家风，传承发扬。"

·一个家族的奋起

施宗乔、张志兰夫妇共养育了五个子女，依次是大儿子施文明、大女儿施文秀、二女儿施文芳、二儿子施文冲、三儿子施文球。在施宗乔和张志兰缔造的这个大家族里，男人勤劳勇敢、知书达理，女人贤淑美丽、体贴温柔，在家族的传统文化熏陶下，施文芳温和、善良、恭敬、俭朴、谦让的个性气质逐步成型，为她的人生之路奠定了坚实的基础。

在父母的言传身教之下，忠孝的传统家族文化和"耕读传家久，诗书继世长"的优良家风得到了很好的传承，子女们纷纷在各自领域取得成就：施文明长期在启东县商业系统工作；施文秀是教师；

施文芳是大学教授，著名科学家；施文冲创建了自己的企业，从事电力系统输变电自动化设备的研发和生产及销售，有多项专业发明和专利；施文球是著名旅游策划规划专家，走遍全国各地规划设计了众多旅游项目，创立上海施文球创意策划工作室，现任全国旅游创意联盟理事长和"智库中国"旅游规划研究院院长。

让施宗乔、张志兰夫妇感到欣慰的是，这个祖祖辈辈都是农民的家庭，后辈个个优秀，学有所长，成果丰硕。家族四十多个人中至少有十四人有着国外留学的经历。最杰出的代表就是施文芳一家，实现了从农民家庭向高知家庭的华丽转身，并且传承着诗书传家、忠孝礼仪的家族文化。

随便罗列一下，这个家庭的知识分子名单就可以排出长长的一列：

施文芳，瑞典皇家工学院理学博士，中国科学技术大学教授、博士生导师。

瞿保钧（丈夫），瑞典皇家工学院理学博士，加拿大皇后大学、美国底特律大学做博士后研究，中国科学技术大学教授、博士生导师。

瞿欣（儿子），瑞典皇家工学院理学博士，美国哥伦比亚大学博士后。

高宇（儿媳），长安大学经济管理学学士。

张缚龙（侄辈，姐姐施文秀之子），中国科学技术大学高分子科学学士。

张凌韬（孙辈，张缚龙之子），美国雪城大学管理学硕士。

张缚虎（侄辈，施文秀之子），成都体育学院毕业。

宋涛（侄辈，张缚虎之妻），成都体育学院毕业。

张弘弦（孙辈，张缚虎之女），中国人民大学毕业。

施文冲（大弟），上海工业大学自动化系学士。

施博一（侄辈，施文冲之子），中国科学技术大学计算机系进修。

卢阳（侄辈，施博一之妻），南通大学艺术学院副教授。

施文球（小弟），上海同济大学进修，中国策划研究院副院长，中国旅游景区协会创意策划中心主任。

施笛霞（侄辈，施文球之女），南通大学毕业。
潘雷冰（侄辈，施笛霞之夫），南通大学毕业。
潘禹竹（孙辈，施笛霞之女），美国纽约大学毕业。
施页蓉（侄辈，施文球之女），北京服装学院毕业。
吴加平（侄辈，施页蓉之夫），北京服装学院毕业。
……

随着时代的发展和家族的兴旺，这个名单还在延伸。

小到一个家庭、一个家族，大到一个民族、一个国家，精神的传承比物质的继承更重要。在逆境中不断成长的施文芳家族，充分证明了这一点。他们没有世代相传的高宅大院和锦衣玉食，但有勤奋求知、向上向善的家风教化；他们没有宗祠谱牒上严谨的家规家训，但有父母长辈身体力行的言传身教。他们凭借自身的努力拓展更好的生活空间，凭借知识改变命运，用行动在中华大地上书写了一个家族奋起的励志故事，对后辈启迪良多。

·家族的主心骨

施文芳兄弟姐妹多，逐步发展成为一个大家族。在大多亲友的印象中，施文芳的家族观念很强。家族文化是中国传统文化的核心，虽然具有血缘的小团体性、宗法性等特点，但在传统社会，中国家族文化以及忠孝的文化观念，强调人生的社会贡献和价值，忠诚于民族和国家，对于建设当代社会伦理、增强民族和国家的凝聚力，发挥着重要作用。施文芳在这个群体里，充满了大爱精神，她为大家着想，对不同的群体对象都给予足够多的关心，把这个家族更紧密地凝聚成为一个密不可分的整体。

施文芳自幼孝顺父母，关心家庭。她的中学同学施瑞香回忆，读书时去文芳家玩，看见她在家里做家务，帮母亲整理小菜园子，很能干，手脚也很麻利。后来她的母亲患了中风，长年躺在床上，文芳对母亲的照顾也很周到。每个假期文芳都回家照顾母亲，多少个春节都是她陪在母亲的病床前,等到阿姨来了,她才回学校。对母亲的护理费用,她主动比兄弟姐妹们多承担一些。按照当地农村的传统观念,父母亲的养老是由儿子来管的,女儿是嫁出去的,可以不管或者少管,但施文芳认为父母亲培养了她,她要回报更多。那时她的经济条件也不是很好,辛辛苦苦发表一篇论文或获得奖金也没多少钱,生活不容易。但她坚持要多出对母亲的赡养费用。对兄弟姐妹她也付出了很多,让外人看到心生敬佩。在瑞典留学期间,她给兄弟姐妹每家买了一台20英寸的日本原装索尼彩电。她弟弟所在单位因此传说着他有个有钱的姐姐,其实那是文芳用点滴节省下来的外汇券买来的,在瑞典她连自己最喜欢的水煮玉米棒都舍不得买一根吃。

每个大家族都有一个为家族张罗大事情的挑头人,关爱大家,愿意付出,把大家凝聚在一起。施文芳既不是老大,又是个女儿,但她对家族浓厚的责任心和她热心、认真、细致的性格,使她自然而然地成了这个家族的主心骨。家族中的同辈、晚辈对她都特别尊重,家里的大大小小的事情她都会关心,谁家有困难她都会帮助。她是一个特别热心,特别愿意为大家付出的一个人。丈夫瞿保钧说,他们刚结婚时,通信不发达,她经常代丈夫给老家写信,作为一个媳妇能经常想到照料老家的亲人是很难得的。信里总是报喜不报忧,她还经常给丈夫老家寄钱。瞿保钧的父亲、弟弟妹妹及老家的亲戚都称道施老师特别贤惠。

施文芳只有一个独生儿子,但对待她的侄子和丈夫的外甥都像自己的儿子一样亲。在中科大工作期间,她出国回来就会买些国内很难买到的时装和小家电如随身听、食品加工机、小冰箱等,送给兄弟姐妹的子女们。在子侄的学习、工作、婚姻等方面,都给予全方位的帮助,哪个家里有了困难,她会一次次地打电话,一趟趟地跑,全心全意帮助他们出主意、想办法,并且跟进到底,一直到问题解决为止。亲戚中如果有人想要寻找帮助,想到的第一个人一定是施文芳,因为她通常都不会让人失望,特别在学习上,因为她自身的教育资源优势,所给到晚辈的帮助是最大的。她弟弟的一个儿子学习不好,身体不好,出现逆反心理,她就把外甥接到自己家里几个月,照顾他,开导他,帮他找出路。她丈夫外甥的孩子要考大学,她到常熟去帮她分析试题,帮她填报高考志愿。她的侄孙女要留学,也是她出面帮助写推荐信联系。可以说家族第三代的全面成长,都离不开她的关心和帮助。

几乎所有的亲戚都把施文芳当成心灵沟通的对象,甚至可以说是人生导师。因为她很真诚,会提出很多具可操作性的合理化建议。无论是兄弟姐妹还是侄子侄女,她都能以大爱精神站在对方的角度去认真思考,帮助他们真正地解决问题。她的儿媳高宇说,她是一个非常大气、不一般的女人,她给大家的影响力如同天然的领袖一般。施文芳是一个为别人着想的人,她为朋友、为亲戚、为事业,都是尽心尽力,愿意与大家共享,她的乐于助人在朋友圈和大家族中是出了名的。连她弟弟的公司团队去国外参加会议,她都帮他们办护照、签证,联系旅游公司安排详细日程,甚至施文芳两口子还自掏腰包,陪同弟弟公司的代表团出国,去充当免费翻译。

·农民的女儿

施文芳是农民的女儿,少年和青年时期差不多所有的农活都干过,熟悉那片土地上的一切,也清楚粒粒皆辛苦的真正含义,更懂得农民的艰辛、农民的善良、农民的朴实……作家路遥在小说《平凡的世界》中写道:"作为农民的儿女,永远不要忘记自己的出身,正是这种出身会使你终生受用不尽。但我们又要从这种出身的局限中摆脱出来,从意识上彻底背叛农民的狭隘性,从更高的意义上去追求属于我们的生活。"施文芳从不鄙视自己的出身,正是有这样的经历,她才更加体会到人生的意义。她感激这一段岁月教会了她很多道理,这些道理不是一直过锦衣玉食生活的人能领悟的。

自从进入启东中学求学,她就离开了乡村,越走越远。在外面的世界,在与很多人的交往和接触中,她深刻地感受到,生活在农村的这段经历,是她丰富的生活和复杂的人生中不可分割也不可或缺的一部分。这一段艰辛的岁月,使后来的她更能体会生活的不易,更能应对生活的艰辛,更加热爱生命、热爱生活。

  从家乡走出去很多年后,施文芳仍满怀强烈的怀乡恋乡情结以及忧民爱国的情怀,热爱家乡,热爱故土。在她重病离世前的几个月,她写下《深切缅怀父亲》和《母亲,我们爱您!》两篇文章,诉说亲情。这是她在冥冥之中感受到了深爱她的父母的召唤,还是叶落归根的自然表露?血脉相连,亲情永在,那是家族传承的基因,割舍不断的根源。

2 成长篇
理想的追寻与坚守

　　生命是一种回声,你把最好的给予别人,就会从别人那里获得最好的,你帮助的人越多,你得到的也越多,你越吝啬,就越一无所有。我心目中的幸福,绝不是转瞬即逝的瞬间,而是一种平平常常的持久的状态。它本身没有任何令人激动的地方,但它持续的时间愈长,就愈令人陶醉。再好的东西,你抓得太紧,终会累的。曾经的拥有,要记得感恩;错过的美丽,要懂得放手;精神的高压,要学会承受;直白的生活,要倾心去爱。你领略了失去之善,避开了钟情之苦,快乐方至。真正点亮生命的不是明天的景色,而是美好的希望,我们怀着美好的希望,勇敢地前行,跌倒了再爬起,失败了就再努力,永远相信明天会更好。

——施文芳·早安心语

·苦乐童年·阳光少女

施文芳的童年时代，家庭条件很艰苦。但由于父辈和祖辈的开明与豁达，她拥有一个宽松、和谐的家庭氛围。父母亲鼓励她们兄弟姐妹用功读书，活泼思想，开启心智，努力培养子女读书获取智慧，走出家庭和人生的困境。

施文芳晚年曾写了一篇《曾经的时光》，回忆她的童年往事和少年趣事。生动的笔触和细腻的情感，把我们带进了那个年代……

童年往事

我家的祖辈都是依靠出卖劳力维持生计，延续后代。然而，从我的爷爷开始，他一方面积攒财富买地，另一方面培养子女读书。因此，我的父辈都受到了不同程度的教育，父亲读了四年私塾，叔叔师范（中师）毕业，姑妈读到初中，尤其是我的父亲从他前人的贫苦生活以及自己的经历中悟出读书是获取智慧的钥匙，更是人生走出困境的唯一途径。"凡能活泼思想，开启心智，使愚昧一变而聪明者，其唯读书乎。"（摘自父亲遗作）这种崇尚读书的理念超越了他所在的时代。他不惜一切培养五个子女读书。从我记事开始，我就感觉到我家的氛围与其他人家不一样，父母亲鼓励我们用功读书，优秀者袭奖有加。我的童年时代的家庭气氛是宽松的、和谐的。

踢毽子、造房子、跳绳子、抛布袋……我都玩过，颇有趣味。然而，使我终生难忘的是那些主动分担父母亲承受的全家生计之难的事情。曾记得，我还没有开始上学，一手拿着一根铁棍子，一手拎着一个布口袋，与几个堂姐妹一道到沟边挖烧蜞（腿上长毛，一般都是红色外壳），有时也到河边挖螃蜞（腿上无毛），尤其是刚下过雨，泥土松，容易挖，而且这时烧蜞会自己跑到洞外，能逮个正着。而且，姐妹几个去挖烧蜞，我总是挖得最多。盐水烧蜞倒上烧酒，放在密封的坛子里过四五天就可以吃，咬上去脆脆的，鲜鲜的。有时也做烧蜞酱烧茄子、黄瓜，很是美味，这是当时全家的荤菜，我为之很有成就感。有时吃不完，还会清早跟着父亲拿到集市上去卖。现在再也看不到烧蜞和螃蜞了，但吃盐水螃蟹依然是我的嗜好，尽管家人会反对。

老家有很多沟渠，每家的住宅几乎都以沟渠隔开，而且大多是南北方向。沟渠边长满了芦苇杂草，深秋季节，家家户户都收割芦苇，但是农户对于少许漂浮在水中的枯萎的芦苇，一般无暇捞起。十一月以后，吹起飒飒西风，那些枯萎的芦苇秆就会往沟南端聚集。我拿着竹耙，直奔沟边，全然忘记了危险，从水中捞起芦苇，堆聚在一边。等上一两天稍干后，父亲会去挑回家摊放在自家场地上晒干后作烧火用。

我家每年会饲养一两头猪和羊，等猪长到一二百斤和羊长到五十斤以上时卖个好价钱以贴补家用，很少自家宰了吃。挑猪草和羊草当然是我的本职工作。虽然有时父母亲也会从生产队干活时顺便带回一些羊草。猪吃得比较细，不是任何草都吃的，可谓冬吃"小尖头"，春吃"布那头"，配上粗糠烧熟后再喂猪，猪肯定会长膘。我经常挎着篮子、拿着铲子独自或者与姐妹们结伴到地里寻找"小尖头"和"布那头"。有一次我挖到很多的"小尖头"，堆在家中竖放着的织布机架下面，父亲挑着卖给同村的养猪专业户（施秉权），五分钱一斤，这事至今记忆犹新。

挖荠菜，割（拉）草头，摸螺蛳、黄蚬都是我童年时常干的活计，除了自家吃以外，时常挎着小篮子跟着父亲到市镇上去卖。

我在家里排行老三，上有哥哥和姐姐，下有两个弟弟。父亲一心培养哥哥学医成才，姐姐帮着母亲缝衣织布，两个弟弟还年幼，我干着本当都是男孩子的活也就理所当然了。但正因为年少时的不怕累不怕苦才使我今天能禁得起风浪的锤炼，自信、坚强、乐观地面对一切困难与挑战。父母亲的善良、宽容和奉献精神更是影响着我，从小懂得体谅和帮助父母亲干我力所能及的事情，这种理念深深扎根于脑海，以至于在以后的日子里，感恩于父母、国家与人民的培养，努力工作成为我的天职。

少年趣事

　　新海小学离我家最近，也是我们村唯一的一所小学，而且是一所完小（可以一直读到六年级）。可是，当我已满七周岁那年，我的父亲领着我去报名，好像说是报名晚的原因未能如愿进入，父亲只好让我去离我家三里多路的天星小学上学。记得班主任是瞿自成老师，他给我的印象很深，高高的个子，白净的脸，一副书生气模样。也许我的年龄（还有两个月到八周岁）稍大，从小懂事，上学后不久我就当了班长。我每天很早去上学，手里提着小小的饭篮子，中午学校里有蒸汽加热，直至傍晚才能回到家里。我的印象中第一年比较辛苦，不仅仅是会遇到刮风下雨的恶劣天气，更是有怕"鬼"的恐惧心理。到了第二年，距离我家两个宅基的邻居郁慕琴也在天星小学上学，我们每天一起上学和回家，成了好朋友，直至各自成家后我们还有来往。

　　读完四年级（初小）后，我父亲决定让我寻求更好的学校读书，于是我考进了决心乡中心小学读完小学。中心小学在当地有一定名气，记得那年只收两个班，入学者都是佼佼者，我们村还有杨国柱也进了中心小学，与我不在同一个班。1959年考初中时，中心小学居然只有我们两个人考上了启东中学。我依然是大清早背着书包提着饭篮子出发，直到傍晚才能回到家。进校后我就被学校指定担任班长，当然各种各样因学习优秀而得的奖状少不了我的份。我很幸运，进入中心小学不久就与河对面三大队的同班同学何兰珍和施亚香结成好朋友，我们有时能够一起上学，天天放学后能一道走一段路，然后我自己回家，使我的学习生活十分愉快。可惜，她们由于家境贫寒未能得到上中学的机会，小学毕业后就在生产队充当劳动力了。记不清是什么时间，我还去看过施亚香，她已经结婚。

　　在中心小学学习期间，正是1958年我国进入"大跃进"的年代，我时而有机会参加大人们的劳作。记得有一次在由小学组织的拾棉花比赛中，我还获得了两块肥皂和一条毛巾的奖励，至今记忆犹新。

理想

有时看到拖拉机在地里耕作，嘎嘎作响，满地打转。每当此时，我都会停住脚步，仔仔细细观察那迷人的景象。我渴望着将来当一名女拖拉机手，英姿飒爽，在田野上奔跑。这也是我最初级的理想。

青春的回忆

1959年秋天，我最终脱颖而出，以优异的成绩作为班上唯一的一名学生考上县中——启东中学，县城离家40多里路。我像一匹挣脱了缰绳的野马，启东中学给了我一个全新的学习环境，一片广阔的天地。然而，我的心思是沉重的。我暗下决心，刻苦努力，不辜负父母亲对我的期望。很有意思的是就在到学校报到的那一天，我在校门口遇见了施瑞香（与我小学好朋友施亚香只差一个字），我们相约睡一个床，从此我们成为形影不离的好朋友。我被推举为初一（4）班班长。我只记得班主任姜英老师对我们要求十分严格，这对于我们这些大多来自农村、生活散漫的小孩来说，会感到不适应。

大概是在初一的第二学期，我与班上其他几名同学一起光荣地成为中国共青团团员。

老师是我们成长道路上的第一人生榜样，老师是我们事业前进路上追寻的一串深深的脚印！告别了中学时代，迈进大学校门，人生的历程翻开了新的一页，人生的道路也跨入了新的阶段，时光荏苒，恍若白驹过隙般竟来到了象牙塔里的第二个春秋……

有踢毽子、造房子、跳绳子、抛布袋、挖烧蜞各种各样的乐趣，也有捡芦苇当柴火、挖荠菜去市镇出售、女孩干重体力活等生活的艰难，苦乐年华，伴随着施文芳的成长。她从小就十分懂事，学前就知道帮助母亲做些洗衣、扫地、烧火、收拾碗筷之类的家务事。上学后，她知道父母供养她们兄弟姐妹读书不容易，不仅在校读书非常优秀，回到家还经常主动帮助父母做些力所能及的家务活，如挑猪草、割羊草、拾柴。她曾冒着秋冬寒冷和危险去沟渠中捞芦苇秆，堆放在沟边等待父亲空闲时挑回家当柴火；也曾去野外挑野菜回家改善伙食，自家吃不完第二天清早还跟着父亲拿到小镇集市上去卖钱补贴家用。

施文芳的童年经历了新中国成立前最黑暗的时期和新中国成立后最困难的时期。当时中国农村普遍贫困艰难，但幼小的施文芳心有阳光，积极上进，为改变生活一点一点地努力。小学时期家里的土墙上贴着不少她的奖状。高小阶段，她从离家三里远的天星小学转学到离家七八里远的教学质量更好的庆民小学（即决心乡中心小学）读书，每天走路上学，从不迟到。一早就起床自己做饭吃，然后带上书包和中午的饭菜出发。路上还要途经一条大河上的木板桥和一段有很多野坟的小道，但她克服了畏惧，每天愉快地去上学。

无论是在天星小学读初小、庆民小学读高小，还是在启东中学读中学，施文芳都以优秀的学习成绩和个人品格被推举为班长，并且在初一刚满十四岁时就加入中国共青团，高中时期还担任校团委副书记。她在成长的道路上，不断超越自我，不断前进。

·艰辛的中学时代

施文芳的中小学时期恰逢新中国成立初期，是一个经历了战火考验、浴火重生的时代，新生政权的蓬勃朝气与社会主义建设的积极向上氛围催人奋进，为她营造了一个较好的成长环境。她沐浴着新中国的阳光，长在红旗下，在努力攀登知识高峰的同时，德智体全面发展，革命理想也在年轻的心中不断孕育成长。

在学生时代，施文芳学习刻苦用功，成绩一贯名列前茅，是一个"学霸"，但她不仅仅是个"学霸"。她聪明能干，团结同学，关心同学，帮助同学，在同学中间很有人缘。点点滴滴校园生活细节中自然流露出来的良好家教和人品，让她成为小伙伴中最受欢迎的人，大家都喜欢和她一起玩。

启东中学位于县城汇龙镇，是县里教学条件最好的中学，施文芳六年的中学时光就是在这里度过的。1959年小学升初中，她以学校第一名的成绩考入启东中学。1962年初中升高中，恰逢刚刚经历了"三年困难时期"，国家因经济困难推行了空前紧缩政策，全县仅招收四百多名高中生，初升高录取率仅10%左右。施文芳仍以优异的成绩考入启东中学高中部，并担任班级团支部书记，高二时成为中共预备党员培养对象和校团委副书记，主持团委工作（书记由学校的专职老师担任），是启东中学当时学生中"最大的干部"。

曾任南京市人大常委会人事代表委员会副主任、南京市房产管理局党委副书记和纪委书记的施瑞香是施文芳中学六年的同学，也是她一辈子的好朋友。几十年后她回忆起与施文芳的相遇，仍历历在目。

启东中学是寄宿制学校，当时学校环境还比较简陋，一个宿舍里要住十七八个学生，上下铺的架子床，上铺睡一个人，下铺两个人睡一张床。施瑞香和施文芳同年同月生，瑞香小八天，两人开学报到第一天就成了好朋友，在同一个宿舍同睡一张床。初中时代，有两件小事，施瑞香一直记得。一是初二寒假，她俩被学校选送去参加一个无线电培训班。培训地点在县城汇龙镇横街上的一所房子里，旁边有个做烧饼的店。好吃是女孩子的天性，每次经过那里，施瑞香心底的馋虫就会被勾起。有一次顺口说了一句："不知这烧饼好吃不好吃？"说者无意，听者有心，过了几天，文芳就买了一块烧饼跟她分享，把瑞香感动得热泪盈眶，因为这是她一生中第一次吃烧饼，香甜的味道多少年后还记忆犹新。她俩都是农村的孩子，父母都是农民，家中兄弟姐妹多，经济负担重。瑞香知道文芳平时非常节俭，舍不得多花一分钱，每次学校放假，都是步行几十里路回家，舍不得乘一次"二等车"。就是在这样没有钱的情况下，她就像一个姐姐疼爱自己的妹妹一样毅然买了烧饼，满足朋友没有吃过烧饼的愿望。这份姐妹情谊，瑞香牢牢地记在心里，永远也不会忘记。后来每当她买烧饼油条的时候，就会想起第一次吃烧饼的情景，想起文芳的关爱，心里总是感到暖暖的。第二件事，1962年夏天她们初中毕业了，中考那天结束后，同学们寄存完行李纷纷回家了,而施瑞香却不幸生了病(后来诊断为疟疾)无法回家,此时文芳马上留下陪好朋友。夜里瑞香一会儿发高烧,一会儿又冷得发抖,文芳就在一旁端茶倒水,照顾安慰瑞香,整整折腾了一个晚上。虽然瑞香生病很痛苦,但有这么一个好姐妹在身边体贴地照顾,对她是极大的精神安慰,使她倍感温暖和踏实。

中学时代的施文芳即显露出她乐观开朗、豁达大度、待人真诚热情、关心帮助他人的一贯作风。她中学六年都是学生干部,平时社会工作较多,活动比较多,又特别关心要求进步的非团青年,要发展团员,找团员谈心,这些事占用了她很大一部分学习时间,但从来没有影响她的学习成绩。即使因开会或搞活动耽误了学习,她也一定会抓紧点滴时间补回来。学校规定下午第二节课后是学生自由活动时间,同学们往往回宿舍或去操场,文芳却利用这段时间埋头在教室里做习题、温习功课,或在学校的小花园里背外语(俄语)。学校规定学生两个星期可回家一次,即星期六午后离校回家,星期日下午返校,晚上上晚自习课。有些同学会星期一早晨到校,但文芳每次都会自觉地遵守学校规定,星期日下午准时返校,晚上认真参加晚自习课,复习上一周的上课内容,准备好星期一小测验考试,同时做好预习,因此每次星期一的小测验考试她总是满分。施文芳平时的社会工作会耽误学习,她就利用周末的时间加班加点抽空复习功课,尽量把缺下的课程补回来,所以很少回家。

与施文芳同村低一届的校友郁慕琴回忆,高中时期的施文芳担任校团委副书记后,带领学校的团员学生积极参加各项政治活动,"学毛选"积极分子、"学雷锋"积极分子、"学王杰"积极分子,她都榜上有名。全校二十四个班级的同学没有一个不认识她,没有一个不知道她的名字。学校领导号召同学们向她学习,她是老师的宝贝,是学校的骄傲。

中学时代的生活很艰苦,艰苦生活塑造了施文芳的优秀品质。高一时,她得了阑尾炎,开刀后没好好休养就去教室上课了。由于她平时学习刻苦努力,从来不打无准备之仗,因此无论是小考还是大考,她都成绩优秀,名列前茅。施瑞香说:"文芳在中学时积极参加班上的体育、文娱活动，组织能力相当强。关键是她好学，组织能力、办事能力和交往能力厉害。一个人能干不能干，从小就能看出来。我从小就能看出来她以后肯定有出息，她成为著名的科学家一点都不奇怪，从小学习用功，目标明确，基础很好，肯定能成为一个最优秀的人才。"

  初中时代，学生的户口和粮食关系都转在学校，吃国家的统配粮食。但到了高中时代，国家刚刚经历了"三年困难时期"，学生的粮食户口关系都在各自的家里，粮食都是由家里送过来，或者自己回家背粮食到学校，交给学校大灶。菜金一个月三元钱，一天一角钱，由个人交给学校集中采购。特别困难家庭的学生会有少量补助。施文芳和她的同学们大都来自农村，家庭条件都不太好。学生们住在学校里，一个房间上下铺要住12个人。当时大家都不言苦，都很努力地学习，珍惜学习的机会。他们认定，农村孩子最主要的出路就是好好学习，将来考上大学，由国家分配工作；再一条路就是当兵。除了这两条路，没有其他的路可走。

  施文芳的高中同学、后来曾任江西采矿机械厂厂长、总工程师的茅建中回忆起中学的艰苦生活时说：

>   施文芳在高中时给人的第一印象就是热情、大方，容易和大家搞好关系。（二十世纪）六十年代是大讲政治的年代，强调的是又红又专，有很多的政治活动，如学雷锋、学王杰，她都是带头积极参加，还要认真学习，两方面工作很努力，搞得都不错。虽然当时的学习不做排名，但大家都知道她的成绩很不错。她学习很认真，其中有一次在启东人民医院因为阑尾炎开刀，一边住院一边还在看书学习。
>
>   当时施文芳是学校团委干部，我是学生会干部。因为都是学生干部，两人关系走得近，她有什么事要给我讲，我有什么事也给她讲。她很单纯，读高中就是奔着考大学的，我们谈心也不是很多，如果是谈心，就是谈一谈班里的事，同学间的事，把主要精力都用在了学习上。
>
>   我们的高三（2）班也是比较活跃的一个班级，组织了几次活动，其中有一次学校的运动会，我们全部都参加了。她个头在女生中算不

错,人长得蛮漂亮。学习上她的化学课不错,后来就考上了中国科学技术大学近代化学系。

在班级里,她的组织能力、社会活动能力都比较强,对事情有自己的看法和独到的见解,比较活跃,同时也比较低调。班里有什么活动都会邀请她参加。在团结同学方面她也做得比较好,从来没有看不起人,人缘好。茅建中高中时就认为,施文芳有可能走上从政的道路,因为在高中时学校就把她作为党员来培养,当时的学生党员很少,她很有可能在行政上发展成为一个领导者,没想到她后来会成为一名科学家。

·非常岁月的大学生涯

1965年9月,20岁的施文芳背着行李,拿着录取通知书,跨入北京西郊玉泉路的中国科学技术大学校门,开启了她新的人生征程。

"迎接着永恒的东风,把红旗高举起来,插上科学的高峰!科学的高峰在不断创造,高峰要高到无穷,红旗要红过九重……"嘹亮的校歌《永恒的东风》在耳畔响起,崭新的校园对文芳有无穷的吸引力。这座七年前才由中国科学院新组建的高等学府,是中国科技教育的最高殿堂。"勤俭办学,艰苦朴素,红专并进,团结互助"的优良校风激励着她早日成材,实现科教报国的梦想。

中国科学技术大学是1958年在"全面建设社会主义"和"向科学进军"的时代热潮中应运而生的新型大学,经中共中央批准,中国科学院利用自身优势创办,目标是为国家输送具有社会主义觉悟的、既有坚实科学理论基础又掌握最新实验技术的又红又专的科学技术人才,使祖国最急需的、薄弱的、新兴的科学部分迅速赶上先进国家水平。经国务院全体会议决定,中国科学院院长郭沫若为首任校长。

中国科学院对中科大实行"全院办校,所系结合"的办校方针,在我国高等教育界独树一帜,改变了教育体制和科研体制割裂的状况,促进了教学与科研的一体化建设。为培养新兴、边缘、交叉学科尖端技术科技人才，马大猷、贝时璋、严济慈、华罗庚、钱学森、吴有训、柳大纲、赵九章、赵忠尧等一批国内最有声望的科学家亲自登台授课，保证了高起点、高水平的教学质量，1959年即被中央列入16所全国重点大学之一。在前三届毕业生中，后来当选为"两院"院士者就有29人，在全国高校同期毕业生中名列第一。

当时中科大有数学系、物理系、近代化学系、近代物理系、近代力学系、无线电电子学系6个系24个专业，施文芳在近代化学系放射化学专业6534班学习，班上25个同学，施文芳任班团支部组织委员。1965年底，她光荣地加入中国共产党。学习放射化学专业，意味着将来毕业后可以到与制造原子弹有关的高精尖研究单位工作，为国防事业做贡献。这一切，让她对自己的前途充满希冀。面对广袤无边的科学海洋，施文芳渴望着汲取知识的力量，憧憬着扬帆远航的未来，"红专并进，理实交融"，让青春闪光。

然而，时代的洪流席卷了一切，改变了一切。施文芳大学求知生涯还不到一年，1966年5月，"文化大革命"便汹涌袭来，高等学府遭到破坏，"停课闹革命"，学校停止招生，教学、科研工作被迫停顿。十年中，中科大是深受其害的"重灾区"之一。

由于放射化学是一个特殊的专业，1966年4月，学校安排施文芳等一批放射化学专业学生去山西大同部队当兵。然而不到两个月，因"文革"开始，她又被调回学校。大学期间跟施文芳住在同一个宿舍的同学、曾任河北省沧州市妇联主任的高丽萍回忆说，施文芳和她经常在宿舍里聊理想，思考怎样在科学领域做出点什么。当时大学里成绩不排名次，但施文芳的成绩挺好。

在突如其来的社会动荡面前，施文芳突然觉得当一名科学家的梦想有些渺茫，但她并没有束手无策。"文化大革命"初起，班上的同学分裂成不同的派别。不管同学之间对问题的看法如何不同，她总能与任何一方都保持着比较好的关系，像黏合剂一样把全班的同学团结在一起。高丽萍和她在一个宿舍，有时候观点不同，各人阐述自己的观点，但从来没有发生过激烈的争吵。施文芳宽容的品质，感动了别人，让别人也有了宽容的意识，也让班级里充满了正能量。

刚入学的时候，同学们就能感受到施文芳身上充满着农民子弟的真诚善良。有同学浪费粮食，其他人没有注意到或者看到了不愿意说，施文芳则会诚恳地提醒这位同学，不失一个农家子弟的朴实本性。施文芳给人的感觉就是实在、单纯、正直、热情、积极上进，非常有活力，又能干又能吃苦，还是乐天派，很喜欢帮助别人，所以她有很多朋友。她在大学期间表现出很强的组织能力，经常在班上组织同学之间的交流活动，做事认真负责，大家都能体会到她像老大姐一样对同学的关心。一次班级组织周末去十三陵水库旅游，因为路途太远，步行或乘坐公交车都不现实，她就找老师借了好多辆自行车，保障了同学们能按计划出行。

1966年6月，根据中共北京市委要求，中国科学院向中科大派驻工作组。6月17日，工作组宣布了中科大党委书记刘达停职反省的决定。此后，揭发会、批斗会、大字报、大辩论持续不断，至7月29日，驻校工作组才根据上级决定，撤离中科大。

在很短的时间里，形势急遽升温。在举国上下狂热的政治气氛中，大、中学校的学生蜂拥而起成立"红卫兵"组织破除"四旧"（即所谓旧思想、旧文化、旧风俗、旧习惯）。1966年8月18日，伟大领袖毛主席在北京天安门广场第一次接见红卫兵。消息传开后，全国红卫兵心潮澎湃，一批批拥向北京，史无前例的红卫兵革命大串联运动以排山倒海之势很快席卷全国。首都各大院校都成立了红卫兵接待站，大串联的红卫兵只要手持学生证和介绍信，找到红卫兵接待站，便可到指定的地点免费食宿。

轰轰烈烈的"文化大革命"狂澜突起，施文芳不由自主地被裹挟进去，但她保持了难得的冷静，父母宽厚待人的家教和自幼养成的自律时时提醒着她，任何时候都要坚持基本的做人道理，不可恃宠而骄。

施文芳能抓住机会踏实做好每件事情，不仅自己能干，还能高效组织调动和领导相关人员一起干。她果敢的决断和行动能力以及雷厉风行的做事风格，在学生时代就显现了出来。在"文革"初期"大串联"年代，校系领导都被视作"走资派"靠边站了，大量外地赴京串联的学生要安排吃住,但无人去组织接待外地来校的红卫兵。此时,她勇敢站出来,主动联系启东中学的两位老乡校友,组织了中科大红卫兵接待站,自己挑起了站长的重任。之后,她又在各系组建起了接待分站,共同分担接待来校"大串联"的红卫兵,这在当时来说是校内最重要、最紧急的任务了。当时并没有人要她这样做,只是形势需要,她就主动去做。在她的影响下,越来越多的同学和学生干部参与进来,接待站很快从三个年轻学生发展到了由几十位老师组成的校级机构,各系还设立了接待分站,最多时她们一次从北京体育馆领回了上万名来京串联的红卫兵到中科大接待站,安排他们吃住行。

校党委书记刘达是1936年入党的老革命,参加过"一二·九"运动,曾任晋察冀解放区地委书记、哈尔滨市市长、林业部副部长,1963—1975年任中国科学技术大学党委书记。"文革"一开始,刘达就被"打倒",在大会小会上接受批斗。一次在操场上召开批判刘达的大会,理由仅仅是他曾经写过一本科普小册子《怎样做西红柿酱》,就被指控为宣扬资产阶级生活方式。批判会上,刘达戴着高帽,一副很长、很大的对联从脖子上挂下来,身上被红墨水涂得一块一块的,尊严全无。

受批斗和冲击后,刘达被安排在近代化学系放射与辐射化学专业6534班里看管。施文芳内心并不认同对老干部的这种批斗做法,又无法对抗当时形势,于是和同学们或明或暗地照顾着刘达。她对这些年老体弱的老干部十分同情,看到刘达等校领导被视作"走资派"关进"牛棚",在八九月的炎热太阳下,每天做着拔草、清理垃圾等苦活时,她以食堂师傅来不及做馒头、供不上接待来校红卫兵为理由,以红卫兵接待站站长的身份毅然决定将刘达等老干部调入食堂帮厨。这个决策名为"接受改造",实际上减轻了他们的劳动强度,起到了保护这些老干部的作用,使他们免遭外界更多的磨难,更重要的是给了老人家在身处逆境时极为珍贵的尊重和安慰。她的这一行为给老领导留下了很深的印象,后来也成为她夫妇俩能首批从工厂调回学校的原因之一。

施文芳大学五年，基本上是在动荡中度过的，其间还经历过学校从北京整体搬迁到安徽省合肥市的折腾。

1969年3月，中苏两国在珍宝岛发生军事冲突，国际关系日益紧张。10月中央发布加强战备通知。受到国内外形势的影响，中央决定将包括中科大在内的十三所重点高校迁出北京。

几经折腾，学校教育革命组于1969年8月决定：离开大城市，到江西山区去劳动建校，创办工厂科研基地和农业基地，进行教育革命。这基地既是学校，又是工厂、农场、科研单位，地点初拟设在河南省南阳地区。然而，校革委会考察选点后认为，在南阳山区、丘陵地带开办基地确有困难。1969年10月26日中央下发《关于高等学校下放问题的通知》后，中科大改为"战备疏散"到安徽省安庆市，当年12月初，学校先遣的九百人到达安庆市，安置在安庆市委党校，拥挤不堪，食宿等基本生活无法维持。

1970年1月，中科大改搬迁到合肥市，在原合肥师范学院校址办学。当时中科大全体师生加家属六千多人，合肥的校园容纳不下，又决定将全校人员分散到淮南、马鞍山、铜陵、合肥等地厂矿、农场进行"斗、批、改"，半天劳动，半天搞"运动"。化学系先分在马鞍山市后再转到合肥，施文芳所在的班级就分在马鞍山钢铁公司南山铁矿。被批判的校党委书记刘达跟放射与辐射化学专业分在一起，几十个人用麦秸打地铺睡在一个大房间里。

中科大自1969年12月开始迁入安徽，至1970年10月基本完成搬迁。一番折腾之后遭受重创，学校仪器设备损失三分之二，教师流失一半以上，教学、生活用房严重不足，办学条件更加艰难。

1970年，施文芳大学毕业了。在"到基层去，到农村去，到工厂去，到边疆去，到祖国最需要最艰苦的地方去"的伟大号召中，她被分到邯郸五七钢厂。背起简单的行囊，施文芳奔赴下一个人生驿站——有"钢城"之称的河北省邯郸市。

3 婚恋篇
科大校园里的"神仙眷侣"

  生命于我们只有一次,学会把烦恼放到风中,让它同风一起远行;学会把痛苦放到云上,让它和云一起去流浪。踏踏实实走好每一步路,记住,努力就会有希望,阳光总会在前方。开开心心过自己能做到的生活,很多时候,简单就是快乐。明天的一切虽不可知,但沿途,你会遇到许多美丽的风景。只要我们还活着,就是美好。生命的意义不在于拥有多少,而在于能否拥有一颗快乐的心。一句问候,一杯茶,一朵花……也许都会让你感动,那就是人生的快乐。满足多一点,快乐就会多一些。

——施文芳·早安心语

·校园初恋

1965年那个夏天,终将在施文芳的人生旅程中留下最美好的回忆。还不满二十岁的她,结下了两个伴随她一辈子的缘分:一个是步入中国科学技术大学的校门,从学生、助教、讲师、教授,再到退休返聘,她在这个校园奉献了一辈子;另一个是在中科大结识了同班同学瞿保钧,从相知到相爱,结为人生伴侣,携手走过半个多世纪,始终不离不弃,直到生命的终点。

瞿保钧比施文芳大两岁,出生于江苏省常熟市的一个乡村里,与施文芳家乡启东相邻不过几十公里,中间只隔了一条长江,两人都成长于这片物华天宝、人杰地灵的"江南福地",一个在长江口南岸长大,一个在长江口北岸长大,同时考入了同一所大学,选择了同一个专业,在千里之外的同一个校园同一个班级相遇相识,不得不说是冥冥中安排的一种缘分。

同学加同乡,相似的家庭出身和家乡背景,让两个年轻人一下子就走近了。更难得的是,因为在中学时都担任过班干部,在班干部选拔中,瞿保钧成了团支部书记,施文芳成了组织委员;当年底,他们又同一天加入了中国共产党。共同的志趣和追求,让两人在平时学习和工作中有更多接触,越谈越投机。随着彼此不断增进了解,两颗年轻的心越贴越近。

他们进入大学不到一年,轰轰烈烈的"文化大革命"就开始了,一大批老干部被打倒,1968年"军宣队""工宣队"进驻学校后,组织专案组对校级干部进行审查。施文芳和瞿保钧都进入了相应的专案组,瞿保钧调研审查一个副校长,施文芳在另一个校级干部的专案组,两个专案组办公室在同一栋楼、同一楼道里。当时,他们实事求是地调查,被他们审查的干部在校内都是最早被解放出来的干部。相同的处事方式,让两人的关系更进一层。

施文芳曾私下对中学的好姐妹评价瞿保钧:"人很好,学习也好,但家庭条件不是太好。"她了解到,瞿保钧曾经因为家里穷而辍过学,后来四处筹集了一些学费才得以继续上学,但这并不影响她对心目中"白马王子"的感情。在这期间,瞿保钧的母亲于1968年底去世了,在最需要安慰和关怀的时候,施文芳主动接近瞿保钧。当时正值严冬,在寒冷的北京,施文芳花了不少时间,手工织了一件厚毛衣送给瞿保钧,温暖了他的心。尽管两人平常相处很好,但保钧是一个老实本分的农村男孩,他觉得文芳的能力很强,对人一贯善良热情,顾虑她可能有她的意中人,平时不敢轻易过分接近她。接到这份"厚礼",保钧非常感动,知道她一定是对自己有了好感,才会这么精心关照并主动亲近自己。从此,他对文芳特别关注,也敢主动接近她了。"毛衣传情"之后,两人的感情比以往工作关系有所上升。

一个月明风清的夜晚,吃过晚饭后,两人相约一起出去散步。瞿保钧由于母亲去世不久,心情仍然沉重,施文芳来找他聊一聊,给他宽宽心。在中科大校门口附近一个喷水池边,微风吹拂着两个年轻人的衣衫,也搅动着两个年轻人的心。共同的理想把他们紧紧连在一起,两人却不知道怎么开口,就坐在花坛边聊了起来。

那时候中国还处在十分保守的年代,加上"文化大革命"极左思潮的影响,年轻人谈恋爱动辄会被戴上"小资产阶级情调"的帽子。此时瞿保钧已经爱上了施文芳。他鼓起勇气,试探着问施文芳:"你是不是有男朋友了?"施文芳回答说:"还没有。"瞿保钧紧接着说:"你有什么打算了吗?"施文芳又回答:"听天由命吧!"此刻,瞿保钧感觉有希望了,壮着胆子进一步向施文芳提出:"我想找你,怎么样?"施文芳毫不犹豫地点点头表示同意。

一切都很自然,似乎是水到渠成的事情。瞿保钧心情异常激动地握住文芳的手,文芳的头也靠在了保钧的肩上。就这样,他们两个人正式确立了恋爱关系。他们的爱情就这样,自然而然,简简单单,没有卿卿我我,也无须互相反复考验,仅有的一次花前月下就约定相守一生,接着,他们又各自投入紧张的学习和专案组的工作中去了。

现在的年轻人可能难以理解,瞿保钧和施文芳在确定恋爱关系后,最亲密的动作仅仅是背着人拉拉手。当时那个年代,主流宣传中的革命者都是不谈恋爱的。样板戏《沙家浜》中的阿庆嫂和红色电影《洪湖赤卫队》中的韩英不是单身,可编导就是没让她们的丈夫露过脸,避免"儿女情长"干扰"英雄气短"。两人都不想让恋情公开,但是跟他们走得比较近的同班同学们都心照不宣,因为从他俩的一个对视的眼神,就能看出俩人正在热恋。

·五七钢厂的淬炼

1970年,同学五年、相恋两年的瞿保钧和施文芳又面临一个人生抉择——即将毕业分配了。学校是面向全国分配的,这时候如果不公开恋情,两人就极有可能分开两地,天南地北。在当时缺乏自由流动的就业环境下,一次分配可以定终生,这几乎就意味着分手。但是按照分配惯例,没有恋爱的学生可以优先分得离家近一点、好一点的地方和单位;恋爱的同学就要分到偏远一点、差一点的地方去。他俩毫不犹豫地决定公布恋情,就是分到北大荒,分到新疆,也要分到一起。对于爱情,他们的观点是一致的——第一次的选择,就是最后的选择。

分配结果出来了,两人一起分到了河北最南部的邯郸五七钢厂,去接受工人阶级"再教育"。虽然他俩都有科学家的梦,很想从事科研工作,但他们还是觉得自己非常幸运,工作在祖国的腹地,离家还不算远,成为当时最光荣的工人阶级,最重要的是,两人能够厮守在一起,继续相伴人生路。

这个火红的夏天,伴随着一声长长的汽笛声,火车载着一对年轻人来到河北省邯郸市，开启了他们又一段火红的岁月。

邯郸市是河北省重要工业基地。1959年9月，毛泽东主席视察邯郸时指出："邯郸是要复兴的……这里有五万万吨铁的蕴藏，很有希望搞个大钢铁城。"此后，邯郸市以钢铁、化工为主的工业获得了迅速发展，成为中国著名的"钢城"。邯郸市五七钢铁厂地处邯郸市西郊，距离市中心14公里，始建于1958年席卷全国的群众性大炼钢铁运动，1969年恢复生产，设有炼钢、炼铁、球团、焦化、洗煤、选矿、原料等生产车间和其他辅助生产单位，是仅次于全国钢铁"十八罗汉"之一邯郸市钢铁厂的邯郸市第二大钢铁生产企业，高峰时期全厂有职工近三千人。如今，这个曾红火一时的大厂，在全国钢铁产能过剩的大环境下，早已冷火熄灶，被"去产能"了，以邯郸市复兴区石化街道钢铁厂社区之名，成为一个老旧工厂家属小区。

到厂报到后，两个年轻的大学生愉快地在邯郸五七钢厂安下了家，分别分配到焦化化工车间和炼钢车间，有滋有味地投入工作中，努力适应环境，很快就和工人们打成一片，同时迅速学习掌握炼钢化验的相关知识技能。施文芳最初在炼钢车间二工段担任副排长（当时按民兵编制，也称"排"），据钢厂同事回忆，她有较强的组织能力和领导才能，工作中以身作则，吃苦耐劳，作风泼辣大胆，积极上进，能出色地完成上级领导交给的各项任务。她是一个有思想、有主见、有能力、有魄力的人，给人的突出印象是开朗、热情、干练、乐观直爽，敢于同不正之风说"不"，作风正派，乐于助人，对同志纯朴、热情、诚恳，在群众中有很高的威信。因工作表现出色，施文芳后来被调到化验室当检验员，很快就成为厂子里军事化管理的中层，做了连长。

·爱的考验与结晶

1971年11月，参加工作的第二年，二十八岁的瞿保钧与二十六岁的施文芳正式结为夫妻，成为终身伴侣。当时两人刚参加工作不久，每人每月工资只有57元，老家双方的父母都需要照顾，瞿保钧的弟弟和施文芳的大弟也在这前后相继结婚，家庭经济不宽裕。加之两人都是实实在在过日子的人，不注重太多的形式，考虑到双方家庭的难处，他们只领了结婚证而没办婚礼。

结婚后，他俩回家探亲，回到双方的老家去参加了两边弟弟的婚礼，给双方的亲朋好友和乡亲们分发了他俩结婚的喜糖，说已在邯郸五七钢厂办过婚礼了。从老家回到邯郸厂里，又给钢厂的职工同事、朋友也分发了结婚喜糖，说在老家办了婚礼。而实际上，他们在老家和邯郸两地都没有办婚礼，为的就是减轻双方父母和家庭的经济压力。

结婚后，他们顾全大局，体谅钢厂住房紧张难以分配调剂的困难，主动到附近的农村（林村）租房居住，营造自己爱的小窝。

1972年，施文芳怀上了孩子。正当她们怀着喜悦的心情准备迎接新生命诞生之际，这年8月，瞿保钧得了阑尾炎，被送到医院动手术。几天后瞿保钧回家了，但是伤口一直不愈合，感觉整个人都没劲，吃得多，喝得多，尿得多，而且体重还在不断地下降。再次到医院尿检，结果尿糖里有四个加号。又去医院测了血糖，血糖也特别高。最后诊断结论显示，瞿保钧得了糖尿病，并要住院治疗。

不到三十岁就得了糖尿病？！瞿保钧感到人生一下子变得灰暗了。但施文芳不是一个随随便便向困难低头的人。她安慰丈夫说："别着急，一切总会有办法的。"

瞿保钧住进了邯郸市地区人民医院。当时医院条件十分简陋，没有给病人和家属提供用餐的便利。施文芳怀着八九个月的身孕，每天拖着沉重的身子，两次骑着自行车跑十六七里的路程，从他们居住的林村送饭到医院。为了让丈夫吃得好一点，她每顿饭都要亲手做，亲自送到医院，晚上还在医院打地铺陪护照顾丈夫。她这种吃苦耐劳、患难与共、为了家庭幸福敢于担当重任的无私无畏精神，令丈夫终生感激。

施文芳克服种种困难，一边照顾丈夫，一边等待临产。一天她正前往医院陪护丈夫时，突然感觉到肚子疼，就住进了这家医院的妇产科。1972年9月28日，在丈夫的陪护下，施文芳很顺利地生下了他们爱的结晶、唯一的儿子——瞿伏虎（瞿欣）。

关于儿子的名字，还有个小插曲。夫妻俩商量着给儿子起了一个很革命化的名字——瞿伏虎，取自毛主席诗词"忽报人间曾伏虎"，希望儿子长大后能有扶正祛邪、降龙伏虎的本领。后来瞿保钧的父亲来邯郸照看孙子，极力反对这个名字，说这个名字太厉害了，把保钧的身体冲坏了，一定要改名，于是改成了"瞿欣"，表达了全家兴旺发达、欣欣向荣的美好愿望。

糖尿病是个终身都要服药的疾病，还要防止各种并发症的发生。二十世纪七十年代，中国对糖尿病治疗没有什么特效的药物，瞿保钧需要服一种降糖西药迪巴柳玲（D860），但治疗效果很差。他回到中科大后，经安徽省立医院确诊为1型糖尿病，胰岛素分泌绝对不足。他在1976—1979年通过打胰岛素缓解病情，直到2002年使用了儿子推荐的胰岛素泵，才较为稳定地控制住了病情，身体逐步恢复了健康。

1976年，瞿保钧突然胸闷疼痛难熬，几乎透不过气来，感觉就像末日来临一样，整个人都不行了，他绝望地对妻子说："你放弃我吧！"但施文芳坚持要尽快送往医院，在楼道里大声招来邻居们协助叫救护车。急救医生诊断瞿保钧为糖尿病酮症酸中毒，病情非常凶险。医生说："病人要是再晚一点送来，就没命了！"瞿保钧当时很瘦，整个身体都很弱，起床都很费劲。为了减轻他的压力，施文芳从来不抱怨丈夫，她的一句话感动了丈夫一辈子："你一定要好好地养病，不要想这想那的。只要你恢复了，我们家就有了希望和前途。你好好养病，不能工作了，我养你一辈子！"妻子的肺腑之言和敢于承担重压的无私无畏精神，激励着瞿保钧勇敢地去战胜疾病，专心地做好本职工作。

从瞿保钧被诊断得了糖尿病那一天起，施文芳就把照顾丈夫放到了第一位，既要每天提醒他按时服药，还要给他做符合糖尿病人吃的饭菜，经常督促他去锻炼身体、控制好饮食，提醒饭前是否注射了胰岛素，等等。某天下午，俩人一起到集市菜场去买菜，保钧午饭吃得少了点，感到心跳加快，但他却全然没有意识到这是低血糖症状。文芳一边买菜，一边呼唤丈夫名字，发觉他没有应答、反应迟钝，于是赶紧走到丈夫身边拉住手问："你是不是低血糖了？"及时从丈夫的口袋里拿出葡萄糖片让他吃了，并让他坐在路边的凳子上休息。过了大约一刻钟，保钧才感觉心慌减轻，脑子也清醒多了。妻子的细心，使他避免了一场低血糖昏迷的灾难。类似的几次低血糖症状，都是文芳首先察觉到的。

2001年11月，瞿保钧的一只眼睛视网膜出了问题，无论他住院手术或为科研项目出差，施文芳总是陪丈夫同去。即使平常买菜、散步也经常陪伴着。有些中科大的同事看了开玩笑说："你俩总在一起，是否谈恋爱还没有谈够啊？"他俩说："我们自己也感觉好像是这样的。"

据说，欧美国家新人在教堂举行婚礼，都要念一段结婚誓言："无论福运还是灾难，无论富裕还是贫穷，无论疾病还是健康，在我们的有生之年，都爱他，照顾他，尊重他，接纳他，永远对他忠贞不渝，直至生命尽头。"瞿保钧和施文芳没有举行过婚礼，也没有念过这段誓言，但他们用一辈子的相守，践行了这段誓言，诠释了什么是真正的爱情。

在真正的爱情面前，疾病的考验算不得什么。爱，终将战胜一切。

·重返中科大校园

1972年,"文化大革命"开始不久就被打倒的中科大党委书记刘达恢复了职务,在学校濒临解体的情况下,带领中科大全体师生满怀对学校的拳拳挚爱、对科学的孜孜追求,自强不息开始了艰难的第二次创业。学校重建了数理化基础课教研室,在十分恶劣的条件下重新开始教学工作。虽然开始招收学生,但真正的科研还是没有走到正常的轨道上来。招收的1972—1976级工农兵学员,学制改为三年。"文革"前的教学骨干作为知识分子"臭老九"被打倒批斗,教师队伍青黄不接,出现"人才断层",困难重重。

刚复出的刘达顶住压力与攻击,以高瞻远瞩的眼光决定举办"回炉班"(即教师进修班),在全国范围内挑选了三百多名分布在各种岗位上的1968—1970届优秀毕业生,招回学校进修,提高业务素质,培养新的骨干教师。当时,极左思潮仍然盛行,还有"近亲繁殖"的争论,刘达做出这一大胆决策不得不说是具有远见卓识的,最终形成了中科大第二代挑大梁的教师队伍。他认为,要把中科大教育事业办下去,必须这么办。

刘达还记得他被"打倒"期间曾经照顾过他的红卫兵接待站站长。尽管一个年轻的女孩子无力去"解放"他,但在当时,能让他在学生食堂厨房里做馒头已经是最大的厚待了。老校党委书记对此印象深刻,很赏识她的才华与人品。1973年"招兵买马"成立进修二班时,刘达终于找到了已是工厂中层骨干的施文芳、瞿保钧两口子,不顾五七钢铁厂的反对,多次协商,最终让五七钢铁厂同意放人。两人于8月份被调回母校"回炉",开始了全新的学习生活,成为后备师资。

在"进修班"期间,施文芳几乎把全部的周末和晚上都安排了听课,她要把失去的学习机会加倍地补回来。在中科大的发展史上,这个班办得非常重要，对中科大的未来发展产生了深远的影响。"回炉"学习重点学习数理化外基础课，学校配备最好的教师上课，仅有的几位教授如钱临照院士、史济怀教授等都亲自登上讲台，经常在晚上都排满了进修课程。不到两年的系统学习，为师资建设打下了扎实的基础。"回炉班"结业后，施文芳夫妇与学校从各地所招的两百余名教师一起充实了学校的教师队伍，在一个比较高的水平上走上教学与科研的第一线。中科大师资队伍建设取得重要进展，为后来形成以年轻人才为主体的师资队伍奠定了良好的基础。这批人后来成为中科大在合肥二次创业的中坚力量，不少人曾担任了学院、系的领导，成为教授、博士生导师。1978年恢复高考后，其中很多人又考取了国内外研究生，继续学习深造。

4 教学篇
亦师亦友亦慈母

  每个人一定要学会认识自己,千万不要把自己看得太重。这个世界上,每个人都很重要,但是离了谁地球都照样地转。一个人可以自信,但不要自大;可以狂放,但决不能狂妄;可以健康长寿,但不可能万寿无疆;能够力挽狂澜,但决不可能再造乾坤。不把自己看得太重,其实是一种修养,一种风度,一种高尚的境界,一种达观的处世姿态,是心态上的一种成熟,是心志上的一种淡泊。用这种心态做人,可以使自己更健康,更大度;用这种心态做事,可以使生活更轻松,更踏实;用这种心态处世,可以让身边的人更喜欢与你相处。

——施文芳·早安心语

·学生眼里的"妈妈老师"

1970—1973 年,施文芳用三年时间北上邯郸画了一个圈,终点回到起点,重新踏入中科大的校门——她梦开始的地方,只是身份从学生变为了老师。在知识分子还是"臭老九"的年代,她的科教报国梦还能再续吗?

此时的施文芳,有了丈夫,有了孩子,有了自己温馨的小家庭。经过三年工厂生涯的历练和磨砺,已经完全脱去了学生气,变得更成熟。她相信眼前的困难一定会过去,祖国的建设和发展需要现代科学技术,她将要从事的事业意义重大,尤其是 1975 年初,周恩来在第四届全国人民代表大会第一次会议上提出分两步走全面实现农业、工业、国防和科学技术"四个现代化"的战略目标,重新燃起了她的科学家梦想,坚定了她在专业上再攀高峰的决心。

经过两年时间的"回炉"进修后,施文芳于 1975 年走上应用化学系助教的岗位,1978 年起又担任了年级指导员(班主任)。施文芳和瞿保钧两口子带着刚十个月大的儿子瞿欣回到中科大不久,瞿保钧的糖尿病又加重了,家庭和工作的压力都很大。施文芳视这些困难和辛苦为另一种成长的历练,一面照顾好家庭,一面投入教学工作中去,乐此不疲,毫无怨言。

施文芳有刚的一面,也有柔的一面,属于"柔中有刚"的女性。1978 年,施文芳担任应用化学系的年级指导员。78 级是恢复高考后的第二届大学生,应用化学系有三个班 80 多个人,她是唯一的指导员。无论从学习上、生活上,还是个人感情上,她都给予学生们母亲般的关怀。

陈初升是中科大近代化学系 78 级学生,施文芳是他到学校后的第一位老师。2018 年,时任中国科学技术大学副校长、化学与材料科学学院教授的陈初升深情回忆当年初入中科大求学时的情形,四十年前师恩历历在目:

当时，施老师刚刚三十岁出头，风华正茂，她以极大的热情和责任心，承担起了在很多人看来不是那么高大上但又极其重要的班主任工作。她对工作非常投入，每隔几天楼道里就会传来施老师清澈的声音，我们一听就知道这是施老师来查岗了，原来还吵吵嚷嚷的宿舍立刻就变得鸦雀无声。作为恢复高考后的第二届大学生，大部分同学都十分珍惜来之不易的学习机会，心无旁骛、如饥似渴地学习。但也有一些同学少不更事（全班80多个同学入学平均年龄只有16岁，最小的只有14岁），出现了厌学情绪，晚上不睡觉，在宿舍通宵达旦打牌、下棋、斗嘴，跑到校外一场接着一场地看电影，早上睡不醒逃课。施老师知道后就一个宿舍一个宿舍敲门检查，一个同学一个同学谈话，做思想工作。最终，施老师的心血没有白费，同学们都顺利完成了学业，后来也大都事业有成。

作为老师，施文芳以严肃的科学态度，精益求精的工作作风，给予学生学术上的帮助与指导，呵护关怀他们一路成长，培养他们正直有担当的精神情操。另一方面，施老师不断进取、非常人能及的刻苦精神，严谨的治学精神，为学生树立了榜样，鼓励学生在求学路上学无止境。她说："教学科研是我的本职工作，不断取得新成果是我一生的追求。"

当时中科大的指导员都是兼职的，施文芳一方面要完成高分子化学辅导课和化学实验课的教学任务，另一方面作为年级指导员要关心学生的生活和心理健康。她差不多每天要到学生宿舍去看看学生有没有起床，有没有上课。她经常找学生谈心。她说："一个考入中科大的学生寄托了一家人的希望，当老师的有责任帮助他们走上正道，哪能轻易放弃啊？"她和同学一起开会，像过去关心同学一样关心学生有没有什么困难，如果谁生病了，她会格外关照，甚至会在家里熬中药，对学生的成长倾注了全部的心血。尽管这样，有些年龄小的同学还是不能理解，经常躲在宿舍里打牌、下棋，施老师就要到宿舍，赶鸭子下河一样把学生赶到教室里去。

她的学生对她的微笑印象深刻,说施老师就是批评学生,也是平和地微笑着。施老师为人善良,诚恳热情,富有同情心和同理心,每一个与她交往的人都会被她的人格魅力所感染。在改革开放初期,学校还有不准学生谈恋爱的规定,她却悄悄地为年纪大一些的学生当起了红娘,遗憾的是成功率不高,多少年之后回忆起这件事,施老师总深感惋惜。

施文芳对待学生就像对自己的孩子一样。她最初当讲师、年级指导员的时候,学生这样评价她;后来她当教授、博士生导师、系主任的时候,学生还是这样评价她。学生在校求学、当研究生时,她在学习和生活上都给予他们母亲般的关怀;学生毕业远走高飞了,她心里仿佛有一根牵着风筝的线,仍牵挂着遍布世界各地的孩子们,始终关注着他们成长的道路……

·你再也不会遇到这样的"老板"

优雅——这是施文芳老师留给徐建文的第一印象和最后印象。施老师给97级上的第一次课,是在晚自习时间安排的普及系里教授研究方向的课,她职业而优雅的穿着,自信大方的谈吐给徐建文留下了深刻的印象。徐建文于2001—2006年跟随施老师读博,毕业后远赴美国,之后再也没有见过施老师。直到2017年底,看到施老师在实验室群里发的最后一张照片。照片上她穿得整整齐齐,坐在椅子上手捧徐建文通过快递送去的鲜花,后面站着丈夫和儿子。尽管身后的瞿老师和瞿欣师兄显得忧心忡忡,但与病魔斗争了多年的施老师,笑得还是那么灿烂!

徐建文的本科几年并没有跟教授们有过太多接触,但同学中传言施老师的研究组很好,也很严。中科大对本科生宽松的环境,常常让他这个从小地方来的孩子感到困惑和自卑,下意识地要找一个强大的导师。2001年,当徐建文有机会提前一年毕业、选择直博保研导师的时候，他毫不犹豫地选择了施老师。跟施老师的第一次会面，是在她那不足八平方米的办公室里（当时她已经是博导），里面放着一台电脑、一张书桌和一叠叠堆得整整齐齐的打印文稿，剩下的空间只放得下两三张凳子。当时还有两个师兄和另一个同学也想加入她的组，而她只有两个名额。一番深谈之后，她当天就答应收下徐建文。后来徐建文回想起来，觉得也许是他这个乡下来的孩子的吃苦精神打动了施老师。

施老师在中科大从事过多年的行政工作，五十多岁才开始有自己独立的实验室和学生。徐建文进入她实验室的时候她已经五十七岁，但他从没觉得老师有那么大年纪。进实验室的第一周，他就感受到了她的"严"。施老师那个时候还有不少行政管理方面的工作，白天在学校里开会，实验室例会安排在晚上，上届的几个师兄一个个拿着幻灯片演示一周进展，更高届的师兄们被要求点评数据和提建议，平时妙语连珠的师兄们常常被问得汗流浃背。施老师也会及时分享她的工作进展，纵向基金申请和横向项目合作情况。她还会像父母对自己的孩子一般唠唠叨叨地说这个师兄上周做了什么实验，那个师兄文章都发出来了……不断激励所有学生共同上进。

中科大虽然是名校，但当时一些硬件设施还不如隔壁的安徽大学，测个低温 DSC 还需要自己租个三轮车拉一罐液氮到隔壁学校去测，师兄弟们的感情也都是在这些琐碎小事中培养起来的。那时候实验经费很紧张，二十万元是一笔大钱了，去外校测一次 DSC 至少几百元。外校的仪器测试安排也很紧张，没有过硬的人际关系很难排上队。在中科大，学生也用"老板"这个词来称呼自己的导师，不知道这是不是一个从美国学校来的"舶来品"，但这个词一定程度上反映了现实的师生关系。在辐射固化实验室学生的眼里，他们的"老板"是块硬牌子，这得益于施老师多年树立的口碑。在中科大，如果提到"老板"是施老师，很多实验和合作往往能够被尽可能地优先考虑和安排。

施老师的管理既严厉又有温暖。在实验室期间，徐建文通常都是从早上八点工作到晚上十一点，基本把实验室当家，没点娱乐是肯定不行的。几个师兄弟喜欢趁着施老师偶尔中午回家吃饭的时候，偷偷来把"斗地主"。往往接近下午上班时间打得正欢的时候，施老师就会有电话打过来："我大概15分钟到。"学生们起初都很纳闷，施老师这什么内容也没有的电话，到底啥意思，后来才想明白，其实施老师知道他们背着她搞这些小把戏，只是不想点穿，给学生多留点自由的空间。

施老师有时会组织实验室大扫除，把不需要的东西清理出去，保持整洁和安全。有一年他们整理出不少废弃仪器，卖给收废品的卖出了一两百块钱，施老师又从口袋里掏出两百元提议出去"撮一餐"，说多点几个菜，还可以点些酒水。学生邀请她同往，她却摆摆手说："我去了，你们吃得就没那么自在了。"

合肥的夏天潮湿且闷热，学生们在宿舍里晚上很难入睡。施老师的办公室有空调，天气太热的时候，她会在保证安全的前提下让学生到办公室睡觉。她总是留一把办公室的钥匙给学生，方便学生去使用里面的设备。夏天她出差的时候，办公室往往就成为学生们的寝室。

施老师极其热爱她的事业，她每天基本和学生一样早早来上班，很晚才走。为了节约时间，她很多时候都不出去吃午饭或晚饭，往往就让学生从食堂捎两个包子给她，凑合一顿。儿子瞿欣旅居美国时，她都会趁着寒暑假到美国去，尽奶奶的责任帮忙带孩子。假期结束，她又带着改好的文章和写好的基金申请书回到学校，有一年还带回不少大家从没见过的玻璃仪器，她向来是工作家庭两不误。

实验室规模越来越大，人也越来越多。最开始实验室每年只毕业一个学生，后来逐年增加。2005年同时有五个博士毕业，其中有些厉害的学生几年下来一个人能发表二十来篇论文。所有博士的实验和论文都经过施老师的精心指导和修改，她的工作量可想而知。

中科大一直以来是个以基础学科为主的学校，发表论文是一项重要指标。在强调基础研究的重要性和保证学生能有足够论文毕业的同时，施文芳夫妇很早就开始探索知识转化的途径，他们是最早一批跟产业界合作开发紫外光交联电缆技术和紫外光固化树脂的老师。徐建文进施老师研究组之前就听说，施老师是化学院里有名的有钱"老板"，只要进入施老师组就意味着能拿更高的科研补贴。进到组里他才慢慢了解，施老师组里的每一分钱都来得不容易，那是她带着大家踏踏实实干出来的。为了实验室发展，施老师一方面积极申报国家重点基金，一方面寻求企业合作。为了提交一份国家自然科学基金申请，施老师一遍遍地修改申请材料和答辩PPT。她在学生面前演练多遍，让学生做评委一个个提意见。为了万无一失，定稿前她还邀请她报社的朋友对排版和颜色把关。功夫不负有心人，因此他们才能陆续拿到不少大项目。2002年左右，施老师作为"973计划"重大项目的一个主要负责人，为了完成申请书，常常连午饭都省略了。她一遍一遍地检查和核对，力求准确无误。

  徐建文进实验室的第一个暑假，施老师就开始让他独立负责横向项目。那时候他什么也不懂。施老师总是嘱咐他说："不懂多找你们师兄问，多查查文献。"项目快要交接的时候，他一个人忙不过来，师兄们都停下手头的活来帮忙。小试生产的时候，原先计划用的搅拌仪器功率太低，师兄们硬是和他一起轮流手动搅拌了整个晚上，确保第二天施老师从外地赶回来能按计划进行进一步放大试验。这次实验，施文芳下飞机的当天晚上就去买了龙虾和玉米，煮好送到办公室犒劳大家。

  施老师一面是严师，一面是慈母。中科大男多女少，男生想在读书期间找个对象不容易。徐建文研二的时候，他的女朋友在外地，偶尔会旷个工跑个"爱情长途"，他一直隐藏着没敢告诉施老师，怕施老师知道后反对。有天她把徐建文叫到办公室问他有没有女朋友，想把一个朋友的女儿介绍给他。当得知他有女朋友后，施老师显得很开心，徐建文悬着的心才放了下来。一年后，徐建文的女朋友要考中科大博士，施老师得知后热心帮忙，当着徐建文的面给她感兴趣的导师打电话。

施老师总是尽力为学生毕业工作提供便利。博士最后一个半年,她基本默许学生把大部分时间花在写文章和找工作上。她同时也积极发动她的关系网,为学生找寻合适的岗位。怕一毕业就失业,徐建文很早就开始找工作,但是他真正意义的第一个面试是施老师直接推荐的,一个外资企业要在上海招技术经理,联系施老师要人。面试很愉快,美方公司老总最后也诚恳地说这个岗位偏销售,由于H1B抽签已过,暂不能直接雇到美国的研发中心,要求先到合作的学校待一年。在临去上海面试前,徐建文在火车站又接到施老师的电话,一个中科大师兄帮他朋友找施老师问有没有要毕业的学生想去美国做博士后。去美国留学是他的一个心结,徐建文想也没想就答应了。挂电话前,施老师叮嘱他要认真对待第二天的面试。他和美国教授的联系很顺利,很快就签了合同。其实,施老师内心一直希望学生留在国内,继续在原来的领域发展,但她十分尊重学生的选择,也愿意为学生的未来提供更多更好的选择。出发前几个月,施老师还担心徐建文没有足够的钱去美国,甚至拿出几千块钱出来要帮他买机票。

2011年,中科大聚合物涂层与辐射固化实验室的学生们曾经集体给施文芳老师送上一本纪念册。卷首语中深情地写道:"曾记得,您是严冬中的炭火,酷暑下的遮阴伞,是湍流中的踏脚石,雾海里的航标灯。您不是演员,却吸引着我们崇拜的目光;您不是歌唱家,却让知识的清泉叮咚作响;您不是雕塑家,却塑造着一批又一批青年人的灵魂。如果我是彩虹,那您就是太阳,给予我七彩之光;如果我是小草,那您就是春季的雨滴,给予我们生命的源泉……"

教诲如春风,师恩似海深。这些年轻的科学家们也成了诗人。

·亦师亦友话恩师

1997年春天,中科大的大三学生朱胜武听到班主任赵化侨老师这样评价施文芳老师:"她是一位很好的老师,可惜不带你们本科生的课。"当时他的同学中有一些进了实验室，他们都说实验室有一位从瑞典回来的老师，水平很高，说的就是施文芳老师。于是想在学术上进一步深造的朱胜武，带着几分忐忑不安和惶恐，鼓起勇气打通施老师的电话，说明了自己想进实验室的意向。本以为这样一个高水平的老师一定是严肃、不好打交道的，可没想到施老师马上就约朱胜武到她的办公室面聊。去了以后，施老师和他聊了一些学习上的情况，并拿了本 IBM 公司关于光刻胶的文献给他先看。朱胜武对施老师的第一印象就是和蔼，没有架子，有亲和感。他更坚定了跟着施老师做学术的决心和信心。

当了施文芳的研究生以后，朱胜武觉得施老师做事非常认真，是一个完美主义者。她认准了的事，不管再难一定要做好。有些事，学生们觉得难度很大，但施老师认准了的，就会认真去做，最后都获得成功了。这些对学生都是很好的言传身教。

1997 年下半年，朱胜武刚进实验室才几个月，施老师的办公室从外事办搬到了专家楼一楼。有一次她出差，就把办公室钥匙交给朱胜武保管，说可以到她办公室学习上网，并说："要学好计算机就不要怕把计算机折腾坏。"那时候，学生能上网的机会非常少，朱胜武对老师给予的信任和机会非常感动，也非常珍惜。他的计算机知识就是从那时候起步的。从黄宏师兄研究生毕业直到朱胜武毕业，施老师的计算机都是由他来维护的。

二十世纪末，电脑开始进入工作领域，施老师五六十岁的人开始学电脑，做出来的 PPT 文件比年轻人做得还要细致。在朱胜武印象里，施老师的报告追求每一个细节，比如颜色怎么搭配，用什么图形，用什么背景，反复修改，还要邀请专业人士提意见，一直修改到没有一点瑕疵为止，所以每次她的报告都很完美。出席会议的比她年龄大的、资格老的专家都请她帮忙修改 PPT。

和她更进一步接触之后，朱胜武感觉到施老师是非常亲切的人，和她在一起交流没有约束感和距离感。首先，她对身边的学生、朋友、同事都非常关心，乐于帮助别人。其次，她对工作非常投入，每一件工作都付出自己全部的努力。研究生期间，学校要求每个学生完成论文2篇，系里要求完成3篇，实验室要求完成6篇，这是最低的工作量。一开始学生的英文科研论文写得不规范，会有很多不严谨和错误之处。施老师就一遍一遍地帮学生改，学生6篇论文她全部都要修改，这方面的工作让她非常辛苦。有些文章要反复修改很多次才能定稿，所以她经常工作到深夜。有一次她去外地出差，回来后告诉学生："我在飞机上终于把你们的一篇论文改好了。"

还有一次，实验室做一个聚氨酯丙烯酸酯的中试实验，整个实验过程需要二十多个小时，由朱胜武和寇会光两名研究生具体操作。全程施老师一直在跟踪和指导，晚上还特意回家给学生烧了红烧大虾当夜宵。实验室整个氛围是工作认真而严谨，心态轻松而愉悦的。生活中的施老师非常健谈，一旦闲下来就喜欢聊天，了解大家的生活情况，经常分享她经历的故事和人生经验。每次实验室聚餐后，她都会给学生讲一些轻松愉快的话题，潜移默化地影响学生的为人处世。这样的生活场景，对施老师而言是常态，对学生而言是一种激励。感动之后，学生们往往会以更充沛的精力投入研究工作中去。

朱胜武在本科阶段只是学习书本知识，进入施老师实验室后，开始锻炼研究型思维。施老师很注重学生上台演讲能力的培养，在研究组会上会让学生们依次上台做报告；施老师还很重视学生在工业界实际课题上的锻炼，这对很多研究生能顺利进入企业界打下了基础。从大三到研究生的五年，加上在实验室的一年多，朱胜武六年的人生黄金时期跟随施老师从事相关的研究工作，觉得很幸福。他的第一份工作也是施老师介绍的，是在全世界同行业中排名第三的一家企业。他的研究方向偏于应用，企业界经常会和施老师有一些合作，这家企业就邀请她的弟子加盟。

辐射固化是一个偏向工业化的应用技术，这个技术兴起时间短，二十世纪八十年代中期才在世界上进入工业领域。中国在辐射固化的产业比较分散，施老师提议把学术界、企业界及研究院所召集在一起开交流会，办一些培训班，把学术界的东西教给企业界，让他们能更多地了解基础理论知识，促进这个行业的发展。朱胜武最初觉得，并没有多少人从事这个行业，而且让他们获得理论知识是很难的事情。但是施老师通过她的努力，搞了很多次全国的培训班，举办了很多次全国性会议，邀请国外相关的专家作报告，也担任了相关协会的主席。工作做得风生水起。

朱胜武说，施老师把所有的学生都当成自己的孩子，他毕业多年以后，施老师到他所在公司访问，也一直在关心着学生。在学生眼里，她不仅是老师，还是他们的母亲，是他们的长辈。不仅在工作上、学习上，而且在很多日常的小事上，她都给予学生无私的帮助。学生和她有一种依赖感，师生之间很团结很亲密。

·做人做事做学问的全能型老师

2010年从施文芳门下博士毕业的学生程喜娥回忆，在她的研究生生涯中，施老师像妈妈一样关心她。每年还没有到中秋节的时候，施老师就让实验室的实验员到糕点房买散装的水果馅的月饼发给大家，放在办公室里当早餐和夜宵。同宿舍里的、不是施老师学生的舍友都很羡慕她。因为小程是一个女生，施老师给了她特别多的照顾。施文芳有次看到小程中午在实验室睡午觉，施文芳就把自己办公室的钥匙给小程，让她在老师的办公室午休。她像妈妈一样嘱咐小程："你可不能像男生一样大大咧咧、随随便便的。"

当时，程喜娥是施文芳唯一的女学生。因为施老师很喜欢鲜花，每年教师节同学们都怂恿她到鲜花店买一束鲜花送给施老师。施老师只允许学生每年送她一束鲜花，她喜欢香水百合，学生们就去挑一束半开的香水百合送给她。除此之外，她从来不要学生其他的礼物。她认为学校的助学金刚够学生生活，学生不应该向父母要钱送礼。

一次和学生出去吃饭，施老师让丈夫把别人送给她的大闸蟹做好了送到饭店和学生一起吃。她不让饭店做，认为饭店做得不干净。每次暑假，她知道学生很久没有吃到荤腥，就自己给学生炒菜，很多学生都尝到过施老师做的大闸蟹和芹菜炒豆腐丝。每次聚餐，她都习惯性地不停地转着桌子给大家夹菜。看着学生很香甜地吃饭，就像妈妈看着孩子一样，对她是一种享受。

与程喜娥同门同届的博士研究生缪慧回忆，他们研究室里四十多名研究生的两百多篇论文，都倾注了施老师的心血，她逐字逐句地修改，一遍一遍地反复修改，有的文章修改得比原文写的还多。当时已经是退休年纪的施老师，仍然坚持在工作第一线，戴着眼镜，拿着手稿，伏案工作，常至深夜。每次实验室聚餐，施老师都会点很多肉，让学生们吃得尽兴，结束了还会叮嘱服务员把没吃完的菜打包带走，说平时学生在食堂吃得油水不足，这些菜带回去热一下还可以改善学生下一顿的伙食。多年以后，她和早已功成名就的学生们一起吃饭，还是习惯性地点上好多肉。在她眼里，她的学生永远是孩子。在施文芳的带领下，她的研究团队团结友爱，凝聚力很强，很多年过去了，依然是一个大集体。

2012年从施文芳门下博士毕业的学生袁妍说："施老师虽然是我们的老师，但更像我们的长辈，是我们的母亲。在工作时，她也经常和我们聊天，解决我们工作上的难题，给我们很大的帮助。她很平易近人，和她没有距离感，什么都可以跟她说。我是她的倒数第三个学生，就像人们常说的'八十老，爱的小'，她对我更多的是关爱。即使我没有做好某件事情，她也不会很严厉，而是会委婉地告诉我怎么做。老师一般和同学都是有一定的距离感的，只做学术或者课程方面的探讨。但施老师不一样，她还会在课题之外的生活上关心我们，在为人处世上教导我们。没接触她之前，以为她是很威严的导师。实际上她是很亲切的，很温柔的，她是一个把学生当成自己的孩子的老师。我和施老师像母女。我2013年1月结婚，她和课题组很多师兄师姐来了，就像我娘家人来了一样。我没有想到施老师会来参加我的婚礼。"

施老师对每个学生的家庭情况都很了解，袁妍和丈夫是一个专业，是师兄妹加伴侣关系，他们的第一份工作也是施老师介绍的。施老师夫妻相濡以沫，患难与共，感情令人羡慕，也成了学生们生活中的榜样。袁妍的很多师兄师姐既是同行，最后也成了夫妻，因为同行有共同语言，事业上也可以互相帮助。施老师平常还教导她们：要把事业和家庭放在同等重要的地位，不要因为事业忽略了家庭。她是一个家庭观念很重的人，反对年轻人不要小孩，会告诫学生不要错过最佳的生育年龄。

在大学里，一些老师会要求学生干活，或者在发表文章以后才能申请经费、评职称，师生间更像老板和雇员的关系。但是在施老师门下做事不是这样，施老师会给学生一个比较自由的空间，给予生活上的补助，事业上的帮助，不遗余力地帮助学生。比如科研经费，有的老师认为，拿我的经费给你做试验，为什么要再给你补助？施老师从关心学生的角度出发，给大家各种各样的帮助。袁妍认为，施老师是牺牲自己的利益帮助学生，她给学生多了，留给自己的就少了，这样的老师确实很难得。

2012年袁妍博士毕业后，到一所大学任教，刚刚从学生转变成一个老师，很不适应。2013年有次她去上海开学术会议，施老师也去了，师生俩工作性质类似，又进行了一次更加深入的交谈。施文芳对袁妍说："角色转换一下子不适应是正常的。刚到一个新单位，不了解具体情况，尽量少说话，多办事，把工作干好。"她给了一些具体指导，让袁妍受益匪浅。自己也当了老师后，袁妍对施老师过去的宽容大度体会更深，不自觉地把施老师当作自己学习和工作中的一个榜样和标杆。有两点她感触最深：一是做事情要认真，把事情做好了，再论得失；二是做科研要非常细致，无数人在看着这个科研成果，要精益求精，才能禁得起所有人的推敲。袁妍做毕业论文时，施老师已经过了退休年龄，仍每字每句地改学生的毕业论文，包括标点符号都改。在中科大发表的论文都是用英文，但毕业论文要用中文。中文的标点符号用法很多，施老师逐字逐句地改动,非常认真。言传身教之下,从教后的袁妍给学生改论文也用中文。

·三个研究生的故事

施文芳帮助过的人不计其数,无论在学习、工作岗位上,还是在日常生活中,她都对人善良、热情真诚、富有同情心和乐于助人。在她带研究生期间,发现有学生遇到困难,她都耐心细致摸清情况,然后对症下药,有理有节地帮助他们摆脱困境。

在施文芳的课题组,有不少硕士、博士是从其他课题组转来的。大学里有不少研究生由于课题压力大或发现对从事的课题不感兴趣,从而想转换导师和研究方向。在来到施文芳的课题组之前,不少人经历了放弃学业、被迫改行等各种各样的痛苦,但他们最终在施文芳的帮助下,走出阴影,走向光明的未来。

有一个从中科大四年级保送的研究生,通过班主任老师推荐,进入了瞿保钧的研究组。经过两年研究课题的实验室工作,瞿保钧教授发现,这个学生尽管读书时的成绩还可以,但还不具备做科研项目的思维能力。瞿老师核实他的实验数据时发现,他在实验设计上就出了问题。例如,在某种特定条件下,考察某个因素对材料性能的影响,通常的方法是在不改变其他任何因素的前提下,逐步改变考察的这个因素的量,但该学生往往同时改变多个因素,以致使获得的数据根本无法做出相对比较的结果。

瞿保钧回家将此事讲给他妻子听,施文芳考虑到瞿老师身体不好,为了不让丈夫过分为该学生操心,她就把学生叫过去说:"你跟我干高分子合成吧,我来带你怎么样?"该学生很乐意到施文芳老师研究组去。后来她发现这个学生2001年在读本科生时,曾和别人发生矛盾精神出现了问题,后来又因妈妈去世又受到刺激,整天神神叨叨的。针对他这特殊情况,施文芳对症下药,通知他的爸爸到学校商讨改读硕士，不要再读博士，同时来陪儿子半个月，散散心，让同学们和他一起活动，鼓励他走出困境。最后在施老师和同学们的帮助下，他完成了毕业论文和论文答辩。在答辩论文时，这个学生讲得头头是道，评委们听了一致同意授予他硕士学位，一个研究生的命运得以挽救过来。之后，他在一个学院当教师，后来还晋升了副教授。

在施文芳的课题组里，有一个博士生感情遇到波折——相恋多年的女朋友跟一个老外去了国外，他很痛苦；不久那个女孩在国外感觉没意思了，又回国找到他要再续前缘，他更痛苦了。对这段感情，既放不下又拿不起。这件事一直纠缠着了他近两年，沉迷其中，导致他无心再做研究课题，学业一直荒废下去，一度出现抑郁的状况。2006年暑假，施老师一直找他谈心，在情感上疏导他，鼓励他，让同学们也多关心他。"你是一个没有志气的男子汉。她给你造成了那么大的痛苦，为什么？你把你的学业做好了，什么样的女孩子找不到？""你要是振作起来努力工作，做好研究论文，拿下博士学位，一个好学生、好男人还发愁找不到一个好老婆？"施老师说："你们现在分手，对你来说是一件好事情。如果你和一个不合适的人走在一起，你会受到更多的伤害，你后面的人生会有更多的牵绊。你们现在谈恋爱分手了，不管是她玩弄了你的感情，还是你受到了她的欺骗，结果都是一件好事。"总是站在对方立场上考虑问题，是施文芳一贯的处事之道。她认为，一个从农村培养出来的大学生，而且考到中科大，是不容易的事。如果荒废了学业，将给一个家庭带来巨大的伤害。因为她也是从农村走出来的，能够感同身受，所以她尽最大努力去帮助这个博士生走出人生困境。施文芳把情况告诉给了他在农村的父母，约他们到合肥来商量对策，一起协助他完成学业。施老师让他妈妈留下来陪他，管教他，生活上多照顾他，让他静下心来做论文，直到他完成学业。最后这个博士生从情感的泥潭中走了出来，接续起中间荒废的学业，经过七年的努力终于成功地拿到了博士学位。后来他进入烟草系统做研究工作，干得也很出色，还组建了一个幸福美满的小家庭，儿女双全。他的父母对施老师感激得不得了。类似的例子不胜枚举。施文芳说："一个考入中科大的学生身上寄托了他全家人的希望，当老师的有责任帮助他走上正道！"

2007年，袁妍在中科大四年学业圆满结束，而且获得保研资格。让人感到意外的是，毕业论文做完后，她却向老师提出："我要退学，不读研了。"原来，她保研后的课题组老师太严厉，她觉得自己会受不了，读完几年会崩溃的，干脆一走了之。那位老师觉得人才难得，就对袁妍说："你是保研的，退学太可惜了，要不然去其他老师处试试？"他推荐袁妍去施文芳老师那里去试一下。2007年6月，施老师第一次跟袁妍见面聊天，既具体深入地聊了课题，又仔细询问她为离开原来的课题组来这里的原因。在轻松愉快的氛围中，施老师了解了这个学生的潜质和困惑，当场表示袁妍可以留下来跟着她做研究。其实当时施文芳已经不收研究生了，因为还有三年她就要正式退休了，没有带满一届研究生的时间。虽然她不想再招生，但她看到好的苗子又舍不得放弃，心一软，于是本已关闭的大门又打开了一条缝。从施老师"门缝里挤进来"的研究生，袁妍不是第一个，也不是最后一个，她之前的几个师兄也是这种情况，在她之后，施老师还收了两个师弟。现在是江南大学教授的袁妍回忆说："如果没有施老师的帮助，我当时可能就退学了，也不会有今天的我。本科毕业和博士毕业相比，人生轨迹是完全不同的。"

·"关门弟子"的回忆

程喜娥本科在武汉理工大学读高分子材料与工程专业，2005年本科毕业，报考了中国科学技术大学研究生。她的本科老师推荐的导师是中科大另外一名老师，但这名老师想招一名男生，没有给程喜娥明确的回复。

在中科大面试的第一天，系里行政老师跟程喜娥说："中科大的研究生是双向选择制度，既然现在你还没有确定到底是哪个导师，你可以去试一试施文芳老师。"程喜娥一听没有多想就冲到了施老师那里，向施老师介绍了自己的基本学习情况和一些课题。当时施文芳已是系主任，但对这个愣头青似的小姑娘非常和蔼可亲，没有一点架子，这让程喜娥毫无顾虑地说了很多。她急切地向施教授表白说："我是从农村出来的，我一定会吃苦耐劳，会继续努力的。"施老师点点头说："你如果各项都合格的话就跟着我吧！"人生一件大事，就这样举重若轻地定下了。

　　这次合肥面试，给程喜娥的印象最深。当时她的家庭条件不是很好，就租住在学校对面的一个私人小旅馆。施老师了解后，说："你一个女孩子住在那里不安全，就住在学校招待所吧！"程喜娥还有些犹豫，施老师表示："我相信你会通过以后的面试。住招待所的费用我先垫上，以后从你暑假给企业做项目的劳务费里扣除。"后来见小程还不搬家，施老师干脆直接给招待所打电话订了房间，告诉小程这里安静安全，也很方便，有利于复习和面试。就这样，程喜娥在招待所住了十天。成为研究生后，小程几次提醒老师扣掉这笔费用，施老师却说："你好好干活，这笔费用已经扣掉了。"但是她依然照常给小程生活费。一直到毕业以后，这笔费用也没有真正扣过。

　　和施老师第一次见面，老师看似随意地做了这样一件事，却让程喜娥铭记在心，为老师的人格魅力所深深折服。她觉得，施老师不仅教理论知识，而且从性格上塑造学生，从点点滴滴的生活细节去关心学生，还照顾了她们的自尊心。跟随这样的导师，她深感幸运。

　　考上施文芳教授的研究生后，程喜娥的同学都非常羡慕她："你真幸运，成了施老师的'关门弟子'。"确实，她是施老师打算带的最后一届研究生，正常毕业时，施老师正好65岁正式退休。有一次吃饭时施老师也这样对她说："你就是我的关门弟子了。"话虽如此，但是后来施老师还是又招了几个小师弟小师妹。学生偶尔和老师开玩笑："施老师，你这个门没有关严，又有好多同学溜了进来。"

因为施文芳是知名教授，有许多学生要跟随她，甚至有的学生不是这个专业的，都过来求施老师。施老师不忍心别人求她，更不忍心看着学生中断学业，就把他们收留了下来。越收越多，这个门就一直关不上了，处在半退休的状态，一直辛苦工作到70岁才因疾病而彻底退下来。

程喜娥开始觉得老师和蔼可亲，相处时间长了，又觉得她对学生宽严相济。同学们的共识是："施老师是一个严师慈母、研究型的好'老板'。"在日常生活中，这些研究生对社会上那些非富即贵的"老板"有一种天然的抵触情绪，但他们称呼施老师为"老板"却感觉很亲切，觉得施老师才是"老板"，是精神上高贵、生活上不摆谱的真正的"贵族"。

施文芳每个月都要围绕课题项目举行例会，分析具体问题，研究解决办法，并对每个问题的解决进度展开定期跟踪。例会上，她如果发现哪个学生学习态度不端正或者积极性不高，一定会非常严肃地批评。这时候大家又对老师充满敬畏。在论文指导上，施文芳是精益求精的。学生的文章发给施老师，返回来时已经被改了一大片，包括大小写、标点符号、空格、语法、表述规范等，施老师每篇文章都要改两遍，但她效率很高，一般半个月就能把一篇论文改完。

程喜娥在求学的路上很追求完美，但又害怕失败。有一年暑假，她做一个合作课题，有畏难情绪。施老师狠狠地批评了她一顿，说："任何一件事情不可能都顺利，总会有这样那样的困难。做什么事情如果瞻前顾后，把什么都想清楚了再往前做，是很难展开拳脚的。"她帮小程分析每一个实验方案，最后找到了一个最优的解决方案。

2008年的一天，施老师交给她一份中文文稿，让她帮助初审，800元审稿费，她全部给了小程，说："学校食堂里的伙食不好，你拿着这些钱去外面改善一下生活。"施老师经常会这样做。到了暑假，学生们一般只回家一个星期，其他时间跟着施老师联系企业做项目，挣生活费和学费。

程喜娥觉得，人们说的辛苦其实就是心累，她跟着施老师心情很舒畅，从来没有觉得辛苦。施老师注重学生的全面发展，她从高校研究和企业实践两方面来培养学生。她手下有很多项目，实验室和企业两边跑，大家都比较忙、比较累，但是大家一点都不觉辛苦，觉得状态很好。

如果要用几个词来形容施老师，程喜娥给出的答案是——乐观、积极、刻苦、努力。她觉得用梅花形容施老师最合适——梅花香自苦寒来。施老师的一生很幸福也很坎坷，但不管在什么样的情况下，都坚强地绽放着。无论遇到什么困难，施老师都以乐观的心态冷静地分析问题，研究解决方案。她认准了的事情，一定会通过自己的不懈努力做到。同学们都说："我们如果有施老师一半的激情，就都会成功的。"

施老师不仅教做事，而且教做人。老师一直保持着微笑的姿态，在与学生的合影中都可以看到。大家记得清清楚楚，每年拍毕业照，她就会要求学生换掉拖鞋短裤，穿得漂亮得体。她强调，把每一件事情做好了，就是把人做好了。小事情反映了一个人的世界观，人这个字写起来简单，但是要做得顶天立地，就要时时警醒自己。

程喜娥博士毕业后，施文芳还时时刻刻关心着她的成长。每隔上一段时间，小程都要向施老师汇报一下工作和家庭情况。程喜娥的丈夫是中科大学化学的，他想转行做跟化学有关的金融类专业。程喜娥有些犹豫，打电话跟施老师说了自己的心事，施老师说："你给他一点自由，做和化学相关的专业挺好的。"程喜娥的前两份工作都在外资公司，尤其第二份工作，她都觉得太安逸了，想换一个工作。在电话里，施老师仍像过去在学校时一样谆谆教导她："一旦选择好了，就是跪着爬着也要把这份工作做好，不要再轻易放弃或者寻求另外一份工作了，每一份工作都有它的问题和优点。"后来程喜娥常常想起施老师这句话，领悟到其中真谛：工作中的很多问题，其实并不是工作本身的问题，而是自己怎样去调整，怎样去适应这个社会。

·一封永远发不出的信

2018年6月8日，是施文芳逝世100天的纪念日。2009年中科大博士毕业的吕世昌静静地坐在书桌前，用饱蘸感情的语言，给远在天国的"妈妈老师"写下一封发自心灵深处的信，一封永远发不出的信。情感的闸门打开，十二年前师恩难忘，往昔研究生生活中的点点滴滴历历在目……

亲爱的施老师，妈妈：

你好，请允许我叫你一声妈妈，因为在我心目中，你就是个把我当成亲儿子一样关爱、培养的好妈妈，我也相信在你培养的很多学生心目中他们也是这么想的。前几天接到实验室朱胜武师兄和瞿欣的通知说要写你的回忆录，需要采访我们时我的心灵受到了触动。瞿老师、瞿欣是在为你做一件很有意义的事情，来表达他们对你的思念和爱。今年的5月20日，在我写给我生命中最重要的三个人的人生自白中，第一个感谢的就是你，我的内心一直有一种冲动，想单独给你写一封信，来表达这么多年来我对你的感情。今天这样的重要时刻就摆在我面前，我想一个人安静地和你说说话。

妈妈，不知道你是否还记得我们第一次见面的场景，我永远都不会忘记。那是2006年3月6日，那一天早上我到办公室找你，因为前面我通过傅祺和王海龙了解了你实验室的基本情况，也提前给你打了电话说我想转到你这里来读博士。你坦白和我讲你年纪大了，没有那么多精力一年带那么多博士生了。后来，在我的一再要求下被迫和我约了在3月6日早上见面聊聊。到你办公室后，第一眼你给我的印象是一个儒雅、和蔼可亲、有气质的教授。你热情接待了我，并和我说明了确实带我有困难，也给我出了很多主意让我去找找其他导师。经过短暂的交流，我不甘心地离开了你的办公室。同样的场景发生了第二次。第三次我来找你的时候，你心软了。你对我说："吕世昌，我看你这十天好像变瘦了，整个人在颓废下去了，我不忍心看你这样下去，我收下你吧！"听到这句话的时候，眼泪在我的眼眶里打转，我终于找到一个收留我的家了，因为过年的时候我经过慎重的考虑和同家人的商量，决定要么换导师，要么就退学。在此期间，我在化学院所有的导师里面筛选了一遍，发现了你这个实验室是我感兴趣的，同傅祺、王海龙沟通后更加坚定了我来你实验室的决心。其实，我后面还有几名同学也是走了和我同样的道路，你把我们收留下来，把我们培养成才。

进入实验室后，你安排徐建文师兄带我找课题、做项目，在一种很亲切、很有正能量的实验室氛围中，我很快融入了这个集体。虽然我来实验室不是很久，但你给我设定了一条非常适合我的发展路线。你知道我合成有机物是弱项，但我的兴趣爱好是做应用实验，能和不同的人打交道，将来想走产业化路线。于是，你给我安排的就是应用领域方向，并让我去对接学校的检测中心资源来锻炼我的交际能力，培养我自主发现问题、解决问题的能力，交给我一个个和企业对接的项目，来对我的工业应用能力进行锻炼和培养。

随着在实验室学习、工作的开展，其间我碰到了很多问题，生活上也遇到了很多麻烦，但只要找你，你总是会热心地给我解答，甚至做了很多一个妈妈为儿子做的事情。在工作中，我看到了你的态度、你的效率、你的激情、你的无私奉献；你为学生、为学校、为光固化产业做出了重大的贡献。偶尔，你会让我们这些学生到你家去帮你解决一些电脑上的问题。到了你家简直就是一种享受，一会儿水果，一会儿牛奶，一会儿巧克力……不光是在你家里面吃，结束了还要带上大包小包去和实验室的各位同学一起分享。在你家帮你处理电脑事情的时候,耳边出现频率最高的词就是"保钧""文芳"。你和瞿老师相濡以沫,互敬互爱的交流中处处流露出的是你们神仙眷侣般的爱情。几乎你每次国外出差回来总会给我们带最好吃的巧克力和糖果,平时也经常给我们买好吃的,有时候是水果,有时候是饼干糖果,有时候是紫燕百味鸡……这一幕幕深深地印在我的脑海中,这辈子都不会忘记。我还清晰地记得,有段时间你说你的颈椎病、肩周炎犯了,一个晚上只能靠在床头眯上两个钟头,因为实在是太难受了,睡不着的时候你还靠在床头帮我们改论文、处理基金以及和企业合作的横向项目的各种事务。你在工作和生活中完美地进行着切换,扮演着好妻子、好母亲、好导师等多重角色。你累了困了,咬咬牙,你从来没有想过停下你的脚步歇一歇,因为我知道你想为你身边的人做得更多、更多、更多……你从来没有想过休息,肩负起了身边人的重要责任,唯独没有为你自己的健康负责。你寒假在安医附院住了一个多月,病还没有好就拖着病体来上班了,你从来没有好好爱护你自己的身体。我一直记得一个场景。在你办公室里面,你在整理书柜的时候拿出你的相册告诉我:"吕世昌,等我退休了,我就和瞿老师去旅游、去学习摄影,将来会拍很多的照片做成相册,留下纪念,和同学们一起分享我的快乐。"这或许是你留下的永远的遗憾吧!

随着时间的推移,我也临近毕业了,我向你提出了我想提前几个月去上班,毕业论文自己在公司完成的想法。你大度地同意了,因为你知道我想为我以后的工作打下良好的基础。我是2009年3月6日第一天去公司报到上班的,很巧合的正好是第一次到办公室找你的3周年。我在公司一步步走来,经常向你汇报工作和生活的状况,向你请教。你总是耐心地教导我,一方面怕我走得太快摔倒,另一方面怕我失去闯劲,还担心我的身体是否吃得消,甚至还关心我的婚姻、我的家人……在我毕业后,你还是把我当成你的亲儿子一样关心、爱护,千叮万嘱,为我欢喜为我忧。作为你的学生,我觉得我是一个不合格的学生，一个不成才的儿子，让你一直牵挂着我。

妈妈，2014年10月你七十大寿了，你邀请了你的家人和学生们。我们在上海度过了愉快的一天。我想那天我们都是幸福的，因为幸福真的很简单——就是和自己喜欢的人在一起，做快乐而有意义的事情。我们学生送给你一幅字，我想再念给你听一遍："难忘尊师雨露恩，视生犹子慈母心。德艺双馨典范树，报春花开遍施门。"

2018年2月18日，正月初三的早上8点多我接到消息，在早上6点你安静地走了。瞿欣、学校领导、同学们在组织你的遗体告别仪式（2018年2月22日，正月初七），由于个人原因我最终无法成行。作为施老师关心爱护最多的学生，没有到现场送你最后一程，我真的很惭愧，这也是我这辈子的遗憾。从你过世以来，一种情感一直在我心头萦绕，我想对你说些话，我想为你做点什么。作为你的学生，我一定会努力做好事业让你感到骄傲；作为你的儿子，我想为你的回忆录写点东西读给你听，让我表达一下我对你的思念。施老师，妈妈，谢谢你这么多年对我的爱，对我家庭的爱，对我们学生的爱。我们都爱你，希望你的在天之灵能够听见我对你说的话。

谢谢你，我最爱的施老师，妈妈。

纸短情长，一声深情的"妈妈"，让埋藏在心底十多年的感情倾泻而出。读研期间，吕世昌是和施老师交流最多的一个学生。"她对我而言是三个角色：我的老师，我的母亲，我的朋友。"吕世昌认为，他们之间是师生，更似母子。

在工作中，施老师为学生营造了一个开放的工作氛围，每个人都可以表达自己的观点，不因为她是老师就应该一切都听她的，你可以表达和她相反的观点，大家一起来探讨。同时，施老师也有"女强人"的一面（其实，施文芳很不赞成称她"女强人"，因为她认为"女强人"的说法太强势，不利于平等相待、交流商讨、解决问题），做事有激情，有效率，考虑问题全面，为合作伙伴着想。

在生活中，施老师很亲切，关心学生，既教会学生以严谨的态度做科研，系统性地发现问题、解决问题；又教学生做人做事，不弄虚作假，学会沟通，多角度考虑，为他人着想。她不让学生给她送礼物，除非一束小小的鲜花，她说年轻人毕业以后生活压力挺大的，不想给学生造成负担。吕世昌把恋人领去和施老师见过好多次，就像儿子带着媳妇见妈妈一样。在大学里，有的老师认为学生的恋情会对实验室工作产生不好的影响，但施老师鼓励学生谈恋爱成家。她觉得这对一个人来讲是一个最正常、最合理的事情，工作和婚姻是最好的一个结合，一旦有了家庭，就会更有责任感。

毕业以后，她的很多学生每年都会去看她。那时候没有微信，平时吕世昌就用短信给她汇报一下工作进展和生活状况。吕世昌说，施老师像母亲关心子女一样希望学生做好事情，经营好家庭，但我们这些把她作为母亲一样看待的学生，却没法尽孝，这是永远的遗憾。

·桃李满天下

1973 年，施文芳被调回中国科学技术大学，在教师进修班作为后备师资"回炉"两年后，走上了教学岗位，一干就是四十二年，完成了从本科生班主任到教授、博士生导师的华丽转身，也成为高分子化学和辐射固化领域的著名学者和专家。

翻开她的履历，大半辈子都是在中国科学技术大学默默地耕耘着：1975 年任应用化学系助教，1983 年任讲师，1987 年组建紫外光固化研究组，1988 年任应用化学系辐射化学教研室主任，1990 年任副教授，1995 年任校外事处处长，1996 年任教授、博士生导师，2000 年任应用化学系主任，高分子科学与工程系主任，校学术委员会委员，2007 年晋升二级教授，2010 年退休返聘，直到 2015 年完全从工作岗位上退下来。为实现中科大"创寰宇学府，育天下英才"的目标，她奉献了一生。

她这辈子最大的财富,就是她一手培养出来的、遍布五湖四海的化学界青年才俊。她的学生曾经回忆,施老师和丈夫在家里也会相互"攀比"谁的学生更厉害。两人一条一条地拼,互不相让,争得面红耳赤,看着就像真正的辩论赛一样。此类争论常常发生,成了他俩生活中的一个乐趣。

几十年来,她与学生一起成长,以宽阔的胸怀和极大的热情,大力培养和引进人才,特别是通过科学院"百人计划"主持引进了多名青年学者,为相关学科后来的快速发展提供了宝贵的人才支撑。瞿保钧这样评价妻子:"她既是一名贤妻良母型的传统中国女性,又是一名在专业领域和行业中享誉中外的杰出学者型科学家、教书育人有方桃李满天下的优秀教师和卓有成效的学术、行政管理者……她工作勤奋、富有远见,为我国高分子学界培养了大批优秀人才;她呕心沥血,为自己从事的紫外光固化涂层研究领域取得了许多创新成果、培养了大批优秀人才;她无私奉献,为我国辐射固化行业的发展壮大做出了令人瞩目的杰出贡献。"

她的学生曾经为老师赋诗一首:"难忘尊师雨露恩,视生犹子慈母心。德艺双馨典范树,报春花开遍施门。"施文芳大半生都在教书育人,特别是她在最后的二十年时间,把主要精力用在了培养高精尖的人才上。在她六十多岁时,她带的学生多过化学院里很多年轻教授,也多过她同样有名气的丈夫。在施文芳的雨露润泽下,花开遍地,桃李满园。她总共培养了32名博士(含1名巴基斯坦籍博士和1名瑞典籍博士),12名硕士,带出来的学生在各自的领域都干得很出色,有的成了学科领军人物,有的成了企业的技术骨干和懂技术的企业负责人。

在担任中科大外事办公室主任期间,她积极加强和扩大中科大与日、美等国的国际合作与交流,创办了中英文双语《中科大外事简报》,并首次引入外国留学生到中科大学习,在提升中科大的国际影响力方面做出了开创性贡献。在担任应用化学系和高分子化学与工程系主任期间,她充分认识到学科的发展取决于人才的竞争,不仅在国内创建了聚合物紫外光固化的前沿学科,还大力引进中国科学院"百人计划"国际一流人才。如今这批人才大多获得了国家杰出青年基金,成为我国各前沿学科的领军人物。其中有的人才已经成了学科带头人,还有的成了国家项目的领军人物。如现任中科大化学与材料科学学院执行院长刘世勇教授,现华南理工大学生物医疗专业专家王均教授等,都在她的辅导下成就了事业的辉煌。她一贯抱有一种胸襟开阔的态度,以学科来引进人才,认为不引进人才就没有办法立足。她主持的人才引进,为中国科学技术大学高分子领域的学科建设立下了汗马功劳,极大提升了中科大高分子系在全国高校中的影响力。

在担任多年国家自然科学基金会工程与材料科学部专家组成员期间,她不仅关爱本校高分子学科的后辈才俊,还培养和扶植了一大批兄弟院校的杰出人才,大力支持和帮助清华大学、北京大学、复旦大学、上海交通大学、浙江大学、东华大学、华南化工大学、华中科技大学等的相关学科建设和人才培养。高分子领域里的青年学者要申请国家自然科学基金项目,争取获得国家杰出青年基金,很多都找她帮忙修改申请书或答辩PPT演讲稿,她总是非常乐意地帮助他们。高分子界的很多年轻人经过她的关怀和培训,成就他们获得国家杰出青年基金的梦,也使她在高分子学界领域获得了很高的声誉和知名度。

马克思说:"科学绝不是一种自私自利的享乐。有幸能够致力于科学研究的人,首先就应该拿自己的学识为人类服务。"施文芳毕生的绝大部分时间精力,都无私奉献给了她所钟爱的教书育人和辐射固化技术的科学研究及行业发展壮大,实现了她1965年踏入中国科学技术大学校门后要成为一名科学家的初心。

5 科研篇
勇攀科学的高峰

> 如果你已经成功了,你要由衷感谢的不是你的顺境,而是你的绝境。如果你已经陷入了绝境,那么就证明你已经得到了上天的垂爱,将获得一次改变命运的机会。绝境仅仅是一段距离、一个门槛,同样也是一次转折、一次醒悟和升华。人生之所以有绝境,是因为你要突破、要挑战。绝境,是天才的进身之阶,信徒的洗礼之水,能人的无价之宝,弱者的无底之渊。英雄和平凡人的区别就在于,英雄在逆境中抓住了逆境背后的机遇,在绝境中创造了奇迹;而平凡人在逆境中选择了随波逐流,在绝境中选择了放弃。

——施文芳·早安心语

·远赴瑞典"取真经"

改革开放初期,是一个理想飘扬、激情迸发的年代。

1978年3月18—31日,全国科学大会在北京召开,制定科学技术的发展规划,表彰知识界的先进单位和先进人物,奖励优秀研究成果,充分调动广大知识分子的积极性、创造性,为实现党在新时期的总任务而奋斗。在有六千人参加的开幕式上,中共中央副主席、国务院副总理邓小平发表重要讲话,强调"科学技术是生产力""知识分子是工人阶级的一部分""四个现代化关键是科学技术的现代化"。

全国科学大会如一声春雷,揭开了中国改革开放的序幕,迎来了科学的春天。自此以后,尊重知识、尊重人才的社会氛围逐渐形成,广大科技工作者掀起了科技创新的高潮。

作为中科大的一名老师,施文芳既受到鼓舞,又感到压力。从1965年踏进中科大求学的第一天起,她就树立了当一名科学家的理想。但是"文化大革命"的风暴湮灭了她的梦想,社会动荡,知识"缩水"。后虽经"回炉再造",但面对国际应用化学科界日新月异的变化,她极其渴望追赶和超越,却又深感自身知识结构和能力水平的不足。她意识到,国内与西方国家在教育、科技上的差距大,希望能有机会到国际一流的科研院所去进修深造,为实现"科技救国"的远大理想提升自己,打好科学基础。

随着改革开放大门的打开,留学的大门也随之打开。1977年4月,复出的中科大党委书记刘达出任清华大学校长兼党委书记。次年6月23日,邓小平在听取刘达的工作汇报时做出重要指示:"我赞成留学生的数量增大,主要搞自然科学。要成千成万地派,不是只派十个八个……这是五年内快见成效、提高我国科教水平的重要方法之一。现在我们迈的步子太小,要千方百计加快步伐,路子要越走越宽,我们一方面要努力提高自己的大学水平,一方面派人出去学习,这样可以有一个比较,看看我们自己的大学究竟办得如何。"

当年 12 月 26 日，在中美建交前夕，来自清华、北大、中科院的第一批 52 名留学人员就已抵达美国，翻开了中国留学史新的一页。

面对不断改善的科研环境，施文芳重新燃起了科学家的梦想。她一方面做好教学科研，为国家培养更多的优秀人才，另一方面希望在应用化学的产学研上不断深化取得新成果。1980 年，国家全面实行改革开放政策，知识分子纷纷走出国门，学习西方的先进科技和教育，大学、研究所陆续公派老师出国进修深造。虽然"文革"以前毕业的老师们会先获得机会，但施文芳和瞿保钧这一对生活和事业上的伴侣也暗自努力，相互鼓劲，争取出国深造的机会。

1984 年，瞿保钧通过了校内外语培训班的考试，又通过了全国统一英语考试。中科大有一个为期一年的出国留学的名额，加拿大温哥华大学和瑞典皇家工学院都接受了他的申请。施文芳鼓励丈夫出国去试试，抓住机会让事业更上一层楼，如果顺利就再多待一年。夫妻俩商量后决定，选择了赴学习工作相对比较宽松的瑞典留学。因为瑞典是福利性社会，瞿保钧考虑到自己的身体状态，不希望承受过多的压力。

这年 8 月，瞿保钧作为访问学者来到了瑞典皇家工学院（Kungliga Tekniska Högskolan），跟随本·朗比（Bengt Rånby）教授学习，施文芳留在国内，一边教书育人，一边照顾儿子。本·朗比教授是瑞典皇家科学院和皇家工程院的两院院士，也是北欧四国（瑞典、丹麦、挪威、芬兰）高分子协会的主席和创始人，堪称高分子化学领域里的"教父"，中国科学院原感光化学研究所有十几名该研究所副研究员都去他那儿学习工作过。在本·朗比教授手下，瞿保钧干得不错，所做项目在半年内就有了突破性结果。本·朗比教授很高兴，鼓励瞿保钧在他手下拿学位，于是瞿保钧通过考试正式注册成为本·朗比教授的研究生。当时，中国刚刚改革开放不久，外国人并不信任中国的教育质量，要求必须通过他们的正规考试才能获准注册研究生。参加这次考试的共两人，另一个是来自南京化工大学、已在国内获得硕士学位的冯震国。因为瞿保钧和冯震国的考试成绩都非常优秀，自此以后，在瑞典皇家工学院高分子系注册研究生并获得博士学位的五名中国学者,其中包括施文芳,都不再需要通过正规考试去注册研究生了!这年圣诞节后,本·朗比教授了解了瞿保钧的家庭情况,得知他们两口子是中科大的同班同学、同事兼同行,并都有出国进修的愿望。次年元旦过后,本·朗比教授来到瞿保钧所在的实验室,告诉他:"我向你妻子发去了新年贺信和工作邀请。但此事要公事公办,请你妻子正式给我发来一封申请书,并附上其他两个教授的两份推荐信。"这对瞿保钧夫妻来说,真是天大的意外惊喜!导师用行动表示了对瞿保钧夫妻研究能力的肯定和研究工作的嘉许。

此时,留在国内的施文芳也想出国深造,但又感到自己业务水平和英语水平能争取到英语国家进修的机会不大。在1984年的一次学术会议上,施文芳结识了日本高分子化学学会主席、京都大学教授键谷勤先生。因为中科大和日本京都大学有合作关系,键谷勤邀请施文芳到他的研究室进修。因此,施文芳决定利用晚上时间旁听学习日文,争取能到日本进修。而就在这时,她接到了本·朗比教授的工作邀请,于是她毫不犹豫地选择了赴瑞典留学进修。

这一选择,说起来容易,但对施文芳来说又是一场新的挑战。她中学六年学的是俄语,大学英语低级班(从英文字母开始)学了一年就停课闹革命,出国之前一直在日语进修班学习。刚刚熟练了日语,却选择去陌生的瑞典留学,面对自己基础薄弱的英语和毫无基础的瑞典语,挑战可想而知。但她知道,本·朗比教授是中国高分子化学老前辈、科学院院士冯新德和钱人元的好朋友,也是国际著名的光化学科学家。二十世纪七十年代开始,被誉为环境友好技术——涂料紫外光辐射固化在欧美国家已经得到很快的发展,而在中国几乎是空白,是中国材料技术发展的短板。施文芳自1982年起即关注这一技术在世界上的发展趋势,开始从事高分子光化学研究课题。可以说,本·朗比教授的邀请,正是她所渴望想要突破的课题。更何况,她深爱的丈夫也在那里等着她。她去那儿与丈夫在同一个城市、同一个大学、同一个导师门下工作学习生活,可以方便地互相照应。

1985年8月，施文芳带着简单的行李，飞赴万里之遥的瑞典首都斯德哥尔摩，开启了新的科学征程。在美丽的斯堪的纳维亚半岛，分离一年之久的爱人再次相拥在一起，牵手共攀科学高峰。他们怀抱着"科学救国"的美好理想，远离祖国，远离父母，把年仅十三岁的儿子送到远在四川的姐姐家，心中既有可以学习先进技术、报效国家的激动，也有与亲人别离的痛苦，五味杂陈，甜、酸、苦、辣、咸一起涌上心头。

　　瑞典是诺贝尔奖的故乡，世界科学家的圣地，北欧最大的高度发达的资本主义国家。依托全球领先的科研能力，技术集约度高的机械工业和化学工业是瑞典的优势产业。这里是北欧的"硅谷"，爱立信、IBM、Intel等著名IT企业都在这里有研发中心。瑞典皇家工学院位于瑞典首都斯德哥尔摩，有近两百年的办学历史，具备完整的现代学术体系，是北欧最大、欧洲顶尖的理工大学，在世界享有卓越的声誉，在世界著名大学前100排行榜中名列第65位。该校在建筑学、电子电气工程、机械工程、材料科学、可持续能源等领域处于世界领先水平。而材料科学，正是施文芳的求学目标所在。

　　在瑞典，识才爱才的本·朗比教授让瞿保钧注册正式成为自己的研究生，还资助了施文芳从事另外一个项目的研究。尽管有了一个良好的开端，但还有重重困难的大山在前面等着她，第一个"拦路虎"就是语言。本·朗比教授发现她专业基础强，语言基础弱，根本无法用英语交流、讨论课题，于是安排她先进修三个月的英语。当时，她连老师的话也听不懂，学习效果很差，但她并没有灰心泄气，白天上课、做实验，晚上坚持听磁带、看英文电视。

　　在瑞典皇家工学院的工作语言是英语，她的英文水平读读文献还可以，但是在口语、听力、写作上差得很远。语言应用在工作和学习中，一是要听得懂，知道别人在说什么，二是要说得出，至少要让人家能听懂你对话的意思，第三是写得出，必须通过完成科研项目，至少发表四篇科研论文。施文芳通过看电视来提升英语水平，后来发现电视没有专业术语，她又想了更多办法，利用中午在系里小饭厅吃午饭的机会，端着饭碗找说英语的研究生聊天。中国留学生通常不轻易和其他国家的研究生聊天，但施文芳特别主动找人家聊天。就这样一天天、一点点地日积月累，她的听力和会话能力就飞快地长进了。她经常和其他研究生进行交流，如仪器怎么测试，让他们翻来覆去地教会她如何使用，这样既学到了知识，又提高了她的听力和会话能力。三个月后，本·朗比教授惊喜地发现，施文芳已经可以基本理解他的话，而且能够讨论课题了。她还可以快速地阅读英文文献，熟练运用英语与人交流，进步可谓神速。

英文学习的另一个关键是要掌握大量的单词，施文芳就把专业术语和常用单词写成小字条贴在家里的冰箱上、墙壁上、床头上，以便随时学习。他们在瑞典学习，选修课有七八门，必修课四五门。这些课程都是由某个领域具有国际顶级水平的外国教授授课的。瑞典皇家工学院在世界上的学术水平很高，这所大学的校长经常是诺贝尔奖的评委会主席，因此能请到非常著名的教授。施文芳和瞿保钧当年听课时还经常带上磁带、录音机，录下老师的讲课内容以便课后复习。当时有位非常有名的美国教授看到了这种情形，感慨地在课堂上对听课的学生们说："现在的中国人就像当年的日本人一样勤奋，当年我到日本去讲学，日本人就是这么干的。"美国教授高度赞扬中国留学生的勤奋好学，言下之意就是说，再过多少年，中国的科学技术也会像日本一样赶上世界水平的。

施文芳通过阅读大量的英文文献，丰富了自己的专业词汇，科研项目也越做越实。这是本·朗比教授从瑞典国家基金会申请到的项目，完成好这个项目才有可能申请到新的项目。当时导师支付他们的工资每人每月大约相当于人民币六七千元，都是从项目中开支的，这种工资待遇让他俩心满意足，也鼓励着他们将项目完成得更好。

在瑞典留学的条件说起来也不错。他们住的是学生公寓，生活设施比较齐全。留学生通过申请，经过批准就能入住。公寓每层通常有十到二十个房间，每间房二十多个平方米，有单人床、办公桌椅、简易沙发、洗澡间，还有放衣服、杂物的柜子。每层楼道还有个三四十平方米的公共厨房，厨房里至少有两台大冰箱，电磁炉灶和烤箱各三四个。每到周末，夫妻俩会根据广告，花半天时间买够一周所需的便宜又实惠的食品和日用品。

斯德哥尔摩的交通也很方便，他们从公寓到学校只有两三站地铁的路程。当时国内工资水平很低，出国前瞿保钧是讲师，每月工资只有87元，如果在瑞典的饭店里吃一顿普通饭菜，可能要吃掉他们国内一个月的工资，自己做就省很多，每人每天用掉5瑞典克朗就可以了。因此他们一般都像在中国家里一样自己做饭吃，午饭带到学校去。他们的留学生活非常紧张，尤其对施文芳来说就更是如此，每天要加班到很晚，所以晚餐就用面包加香蕉凑合了。在异国他乡，他们忍受着对家人，尤其是对儿子的思念之苦，中间没有回过一次国，因为一两万元的来回机票可不是一笔小数目。

1987年7月，丈夫瞿保钧获得了瑞典皇家工学院工学副博士学位。施文芳在两年时间内也出色地完成了导师交给的研究课题，撰写了两篇科研论文，进修的数门课程获得了学分。尽管导师和系主任都看好施文芳夫妇俩的学术发展潜力，劝导她俩继续留下攻读博士学位，但施文芳归国心切，一方面考虑到国内儿子瞿欣要上高中需要照顾，另一方面考虑要尽早将在瑞典学习到的科技知识和从事的研究课题在国内开展工作，于是她选择于1987年8月与丈夫一起回到了中国。不过，他俩还是准备着一旦条件成熟重返瑞典拿博士学位的，因此在离开瑞典回国之前将各自的实验室整理得井井有条，个人专用的实验器材、专用化学药品和实验记录本资料等都包装好，写上各自的中英文名字后贮藏在实验室阁楼上，对有朝一日重返瑞典充满着信心和期待。

在当时的出国大潮中，很多人选择留在国外，因为在更好的平台上可以有更广阔的事业发展前景，而施文芳夫妇坚定要回来为国家服务。对于他们的选择，瞿保钧说："我们出国主要是来学习科技知识的，是要回到国内来工作的。瑞典再好，我们也不想留在那儿，我们要为自己国家干点事业。我是贫农出身，施老师家里的情况要好一点，只是因为临近解放买了几亩地被评为上中农。她爷爷是长工出身，她的母亲是童养媳，我们都是贫苦农民子女，在我们上学过程中得到了党和政府的关怀和照顾，是靠了政府给予的助学金培养成长起来的，理应为自己的国家尽心尽职。"施文芳说："是中科大送我出国进修的，我不回来对得起组织吗？我国在辐射固化领域落后于世界先进国家，我要赶紧将国际最新技术转化为生产力，为社会创造一点财富。在国外即使很成功也是寄人篱下，是打工仔，为自己的国家做贡献总比在国外当打工仔强吧！我为什么要留在国外呢？"

·国内开创前沿学科

辐射固化，这是一个在学术领域之外绝大多数人都感到十分陌生的专业名词，其实这是一种与千家万户和普通百姓的日常生活都息息相关的前沿科学技术，我们日常使用的数码相机、光盘（CD-ROM、DVD）、手机、液晶显示器与等离子显示器等都应用到这一技术。用国际辐射固化委员会主席的话说："UV技术看不见，却无处不在。"

用专业的语言来解释，辐射固化包括紫外光（UV）固化和电子束（EB）固化，是一种借助于能量照射实现化学配方（涂料、油墨和胶黏剂）由液态转化为固态的加工过程。辐射固化涂料是一种重要的辐射固化产品，因为它具有节能、环保、高效、优质的特点，完全符合当前我国正在大力推行的减污减排的低碳经济和环境友好绿色经济政策，近年来在我国受到广泛重视，并获得了飞速的发展。

事实上，当今的辐射固化已是一种不可取代的技术，被广泛用于油墨、涂料、黏合剂以及复合材料等方面。其应用的场景也越来越多，覆盖了工业领域以及日常生活中的很多产品，比如印刷包装、家具涂装、精密制造、电子产品、航空航天、生物材料、3D打印等。

但在二十世纪八十年代的中国，辐射固化还是一个相对陌生的领域。施文芳1987年从国际著名光化学科学家本·朗比教授手下学成归国后，一回到中科大就开始着手组建紫外光固化研究组，招收研究生，承担本科生和研究生课程。1988年，施文芳任中科大应用化学系辐射化学教研室主任。在她的推荐下，中国科学技术大学邀请本·朗比教授为客座教授每年访问学校两次，进行学术交流。本·朗比教授一方面为研究生讲授光化学基础，另一方面带来了大量光固化领域的新技术新产品的信息。她还邀请日本辐射固化协会主席、东京大学教授Y.Tabata先生、瑞典皇家工学院J.Rabek教授来中国进行辐射固化技术讲座，加强我国学术界和工业界对于辐射固化技术的了解。

与此同时，施文芳联系国内已经开始从事光固化研究和产品开发的大学、院所及企业，共同开展研究。她调查发现，我国在二十世纪八十年代初期进口的120多条PCB阻焊剂光固生产线，由于所用材料全部依赖进口而被迫停产，光固化技术在其他领域的应用更是一片空白。针对紫外光固化PCB阻焊剂长期依赖进口的局面，施文芳着手首先在实验室研究，经过近半年的研究和中试，光固PCB阻焊剂达到了工业应用指标，并通过了中科院技术成果鉴定。

1988年、1991年，应日本辐射固化协会Y.Tabata主席的邀请，施文芳作为中国唯一光固化技术领域的代表，参加了日本第二届、第三届辐射固化国际学术会议暨展览会。会议期间，应用基础研究的高水平学术论文和琳琅满目的辐射固化产品让她大开眼界，而与北美辐射固化协会主席Alice Pincus女士和欧洲辐射固化协会主席J.Seidel先生的相识，对她今后在辐射固化领域的研究起到了至关重要的作用。他们毫无保留地向她介绍美国和欧洲国家辐射固化技术的发展情况，推荐相关的书籍资料，并为她出席1993年和1994年分别在意大利和美国召开的国际辐射固化会议提供了机会。

立足产学研开展技术攻关不断取得科研成果,多次参与国际学术交流拓宽学术视野,为她成长为中国辐射固化领域的领军人物奠定了坚实的基础。通过辛勤耕耘,施文芳开拓了研究新局面,成为高分子化学和辐射固化领域的著名学者和专家。

·再赴瑞典攻读博士学位

1987年施文芳和丈夫瞿保钧回国之后,在国内申请到了国家自然科学基金项目和中国科学院"七五"重大项目,继续在瑞典开创的研究课题,并在理论研究和工业化应用两个方面都取得了突破性进展。1991年6月,导师本·朗比教授被邀请来中国参加由瞿保钧主持、施文芳等主要参与的项目"紫外光交联聚乙烯电线电缆新技术研究"的中国科学院鉴定会,该项技术成果被鉴定为"在国际上属首创"。本·朗比教授在鉴定会期间再次邀请瞿保钧去瑞典攻读博士学位。1991年11月,瞿保钧第二次去瑞典,又经过了一年的努力,修完了全部课程,在《大分子》(Macromolecules)等国际权威学术期刊上发表了五篇科研论文,于1992年11月拿到了瑞典皇家工学院的理学博士学位。随后在瑞典皇家工学院、加拿大皇后大学和美国底特律大学做了一年多的博士后的研究工作,于1993年底回国。

在回国后近五年的时间里,尽管教学、科研、开发方面已经有了一定的积累,但施文芳感到,她离承担国家重大项目还有相当距离,要成为我国辐射固化领域的领军人物需要更好的基础。在这种情况下,她毅然接受了瑞典皇家工学院导师本·朗比教授和高分子系主任Albertsson教授发出的邀请,决定重返瑞典,攻读博士学位。施文芳是在她丈夫即将博士学位论文答辩之前两个月(1992年9月)重返瑞典的。此时,施文芳在中科大已被提升为副教授,在紫外光固化阻焊剂油墨的研究和工业应用领域取得了重要进展,并正在加紧筹备成立全国性的辐射固化学会,而此时儿子瞿欣在中科大高分子材料专业上三年级。可以说，施文芳重返瑞典攻读博士学位的时机已水到渠成，只欠东风了！她的恩师本·朗比教授再次及时向她发去瑞典皇家工学院攻读博士学位的邀请函。然而，此时的施文芳已年近五十，英语基础又薄弱，要在瑞典皇家工学院拼搏攻读博士学位的难度是可想而知的。丈夫瞿保钧曾经劝告过她，可再进修两年，不必非得攻读博士学位，但施文芳非常自信，迎难而上，坚信通过自己踏实肯干的努力能够拿到博士学位。显然，她的底气来自第一次去瑞典皇家工学院两年的积累，不仅在英语的听说读写各方面取得了极大进步，而且在科研项目的进展上也有所突破，再加上第一次留学回国五年期间有目标的充分准备，她再次去瑞典攻读博士学位已经有了坚实的基础。最后，在导师本·朗比教授的精心指导下，施文芳传奇般地完成了相关课题的研究项目，发表了四篇英语博士论文，还完成了十几门必修课和选修课的学分，1994年11月顺利通过了博士学位的英语答辩，拿到了瑞典皇家工学院理学博士学位。在研究的专业领域上崭露头角取得一定的学术成就后，施文芳于1994年12月底回国。

　　导师给她的论文课题是关于用于辐射固化体系的超支化聚合物的制备和应用研究，是一个极具挑战性的课题，涉及辐射固化新技术和超支化聚合物新材料。超支化聚合物具有特殊的三维分子结构，熔融黏度低，分子外围有大量功能性末端基团，它可用于涂料、催化剂、生物材料、电子产品和聚合物加工等多个领域。施文芳对这个国际前沿性的研究课题有极大的兴趣。

　　施文芳读博，还留下两段佳话。其一，当施文芳在瑞典攻读博士学位期间，儿子瞿欣1994年中科大毕业也到了瑞典皇家工学院攻读博士。为了不让儿子感到不适应，回到中科大仅半年的瞿保钧特意利用暑假也到了瑞典，当时一家三口的住地从中国换到了瑞典。在瑞典，母子俩在同一间教室上同样的课程，课后作为同班同学讨论问题，考试时母子俩又考同样的考卷。而与此同时，瞿保钧接受导师本·朗比教授的邀请，为由美国CRC出版社出版、J. C. Salamone博士编著的

《聚合物材料百科全书》撰写"聚合物光交联（Photocrosslinking）"专章。一家三口成了瑞典皇家工学院的校友，在国外同一所大学拿到了高分子材料学科的博士学位。其二，1983年，施老师把她带的第一届78级学生送出校门时曾说："学生们本科毕业都读研究生出国深造了，我也不能落后，要和你们一起奋斗，共同成长。"1994年获瑞典皇家理工学院博士学位后，施文芳于1996年顺利晋升教授，而同批晋升的教授中就有一名78级近代化学系的同学，师生同时金榜题名，兑现了十多年前她与学生共同成长的诺言。

获得博士学位后，她有很多机会可以继续留在瑞典，或者到其他国家工作，获得更好的发展机会。然而，像七年前一样，抱有深厚爱国情怀的她义无反顾地选择回国，回到中科大校园，继续从事紫外光固化和辐射固化方面的课题研究。

·深耕细作，硕果累累

施文芳夫妇从邯郸五七钢厂回到中科大时，因为施文芳在"文革"中曾保护过领导，自己的组织能力和领导能力在学生时代也有初步显露，所以有领导想让施文芳先当系团委书记，培养她从事行政管理工作。但是，施文芳1965年考入中国科学技术大学的初衷就是想当科学家，还是希望能够搞教学科研或工程技术的工作。瞄准这个目标，夫妻俩互相激励，共同奋斗，终于双双获得瑞典皇家理工学院高分子化学理学博士学位，在学术界崭露头角。

1995年，施文芳从瑞典获得博士学位回中科大工作之后不久，就接受中科大校党委的安排，出任校外事办公室主任并兼任港澳台办公室主任。她充分利用有国外学习工作经历的优势，发挥自己早在学生时期就展露出来的组织和管理天赋，大力推进学校的国际合作与交流工作，在建立国际合作关系和留学生工作等方面做出了开创性的贡献。如今坐落在学校东区的外国专家楼，就是在施文芳担任外办主任期间主持建设的，作为中外专家学者合作交流的场所改善和提升了中科大在国际交往中的形象。她创办了中英文中科大外事简报，促进了中科大与国外高校之间的交流合作，推进了中科大创建国际一流高校的进程。她还首次引入外国留学生到中科大学习，提升了中科大的国际影响力。

施文芳本来可以选择从事管理工作，但她更愿意投身于辐射固化基础研究，发展材料表面加工技术，把学到的知识贡献给我国的涂料加工产业。在做好外事工作的同时，她仍然紧紧抓好教学与科研及研究生培养工作，1996年任中科大教授、博士生导师，在国内自己创建了聚合物紫外光固化的前沿学科。任满一届外事办公室主任以后，她请求学校领导调她回化学与材料科学学院，集中精力实现她发展辐射固化技术的愿望。从瑞典回国后，多年来她一个人挑起三副重担：一边先后担任中科大外事处处长、应用化学系主任和高分子化学与工程系主任的领导责任，一边作为教授、博士生导师，开展高分子和紫外光固化及辐射化学课程的教学和科研，一边还在中国辐射固化协会兼职，先后担任秘书长、副会长和会长等职务。

施文芳在承担教学任务的同时，还承担着国家基础性、前沿性科研课题，并承担学科研究实验室的建设和完善工作。她基于学科科研的现状与中长期发展需要规划实验室的实验目标、项目内容，从而确定实验室的数量及各个实验室的设施、设备的配置等。在实验室建设之初，国家的经济十分困难，学校经费有限，她精打细算，以最小的开支解决实验中的迫切问题，达到"钱半功倍"之效。经过多年努力筹建，建成了包括合成试验室、辐射试验室和仪器室、资料室、仓库等在内的比较完善的现代高分子化学与辐射固化涂层研究实验室，为科研项目的顺利完成和科技人才的培养创造了基础条件。

化学实验室是高危性实验室，存在很大的火灾、爆炸等安全风险。施文芳从场所的选择、设备的选购与布局，到实验室操作规程与规范的制定，以及实验室人员的教育与培训等诸多方面，事必躬亲，不辞辛劳，使高分子与辐射固化涂层实验室长期卓有成效地安全运行。化学实验室中化学品的管理是极为重要的，化学品的使用不当或流失将会产生严重后果。她深谙此理，对此管理极为认真，有条不紊，几十年来未发生过任何重大的相关责任事故。

施文芳的研究室在中科大化学与材料科学学院的研究生和本科生圈子里享有极高声誉，想要进她研究室的学生非常多。事实上，在她研究室毕业的博士生中，有为数不少的学生是在其他研究室已经读了一段时间之后，本人再三要求转到她的研究室去完成博士学业的。可见，她是如何受学生推崇、爱戴。

德国哲学家尼采说："在你的立足处深挖下去，就会有泉水涌出。"施文芳从赴瑞典皇家工学院留学确定研究方向开始，把人生中最美好的三十年贡献给了中国的辐射固化行业。她立足紫外光固化和辐射化学的教学与科研工作，数十年如一日地专注深耕高分子和辐射化学领域，取得了一个又一个丰硕成果。其中发表于国内外权威专业杂志的科研论文214篇，获得了中国科学院、省部级科学技术成果鉴定5项，以第一发明人获得的发明专利10项，国际PCT专利1项。

作为项目负责人，她主持或承担过科技部"973"和"863"重大项目课题、中科院知识创新工程项目、国家自然科学基金会重点/面上项目、教育部博士点基金项目以及多项国际合作研究项目等十几个项目：2002—2007年，主持科技部国家重点基础研究发展规划项目（"973计划"）"火灾动力学演化与防治基础"的子课题；2007—2010年，承担科技部科技支撑计划项目"新型多功能轨道交通用电缆的研制与开发"的子课题；2013—2015年，承担参与了科技部高技术研究发展计划（"863计划"）项目"交联聚乙烯超高压绝缘材料生产技术开发"……

施文芳还是创建国际上首条紫外光交联电缆工业生产线的主要发明者和参与者。早在1991年，她和丈夫瞿保钧等五人以及中科院辐射技术公司共同申请的"生产电线电缆用紫外光交联设备"获国家专利。该技术是"一种用于生产交联电线电缆的紫外光交联设备，由电源、流量调节器、控制器和紫外光照箱组成，光源采用均匀配置在距交联电线电缆一定距离空间圆周上的紫外中压示灯，由测控温探头和控制器控制流量调节器，使通过光照箱的冷却介质保持适当流量，以使光照区温度稳定在一定范围内。该设备结构简单，体积小，机动性好，投资少，能耗低，易对原电线电缆稍作改造以生产光交联电线电缆"。1991年，"紫外光交联聚乙烯电线电缆新技术研究"这项技术发明获得中国科学院科学技术成果鉴定证书，鉴定专家委员会的鉴定意见是："这项技术的研究成功并在电线交联工业上的应用在国际上属首创。"之后，以瞿保钧和施文芳夫妇为首的科研团队经过多年的不断深入研究和创新，于1999年"紫外光辐照交联聚乙烯绝缘电力电缆和控制电缆新技术和新产品"获得了中国科学院和铁道部（今中国铁路总公司）的"科学技术成果鉴定证书"，与会专家给予的鉴定意见是："紫外光辐照交联聚乙烯绝缘电缆生产新技术为交联电缆生产开拓了一条新途径，处于国际领先水平。"该项目获得了以光交联电缆和光交联阻燃电缆材料相关的中国发明专利17项，国际PCT发明专利1项和实用新型专利3项，紫外光交联电缆新技术实现了产业化生产，并在国内电缆行业得到了广泛推广应用。

施文芳在树枝状/超支化聚合物的合成与光固化涂层应用研究方面也取得很多创新性成果。在该领域，施文芳是国内外早期研究者之一，其博士论文即以此为选题。归国后又一直从事该领域工作，涵盖了新型树枝状和超支化大分子的合成、改性及其在光学、光固化及药物缓释等领域中的应用，有力推动了我国在超支化和树枝状分子等领域的研究工作。在光固化功能涂层的制备及相关机理研究方面，施文芳开创性的工作引领了研究潮流，极大拓展了光固化技术的可应用范围。

她多次被邀请在辐射固化国际会议上代表亚洲、中国做大会报告，介绍亚洲地区和我国辐射固化技术和产业的发展。2008年在美国芝加哥召开的北美辐射固化国际会议上，她首次组织我国12家企业参加产品展览会，14个演讲报告，50多名代表出席会议，在国际辐射固化学术界和企业界产生了极大的影响。

·领军中国辐射固化行业

中国辐射固化行业的发展，是施文芳一生孜孜以求的事业。

在攻读博士学位期间，施文芳在与国际专家学者进行学术交流的过程中发现，紫外光固化和高能辐射固化涂层技术不仅具有产品质量好、效率高的优点，还是一种无溶剂挥发的环保型新技术，其应用前景广阔，国际上正处于蓬勃发展的初始阶段，而在中国，这一领域还处于空白状态。

将国际最新技术转化为国内的生产力，推动中国辐射固化行业的发展壮大，为社会创造财富，1992年5月，施文芳代表中科大，赵文彦代表中国科学院辐射技术公司，联手牵头，积极主动联系国内大专院校、研究所和涂料产业界的领军企业，在北京召开发起创建全国辐射固化协会的筹备会。

1993年5月，紧张攻读博士学位的施文芳专程从瑞典返回中国，她还邀请了她的导师本·朗比教授一起来到北京。春暖花开的时节，中国同位素与辐射行业协会辐射固化分会（即当初称"中国辐射固化协会"）在清华大学近春楼诞生。来自全国28个高校和科研院所及27家企业的98名代表出席了成立会议，9家企业参加了产品展示。在这次会议上，施文芳当选为首届理事会秘书长，实际上主要负责学术专业。

2000年5月，根据我国辐射固化行业主要以发展光固化技术为主的实际情况，中国科协同意中国感光学会关于成立"中国感光学会辐射固化专业委员会"的申请报告，原中国同位素与辐射行业协会辐射固化分会正式改名为中国感光学会辐射固化专业委员会，作为中国感光学会的二级社团组织。

中国辐射固化协会的创建，极大地推动了我国紫外光固化和辐射固化行业的发展壮大。当时国内只有少数几家企业引进国外光固化涂层技术，而现今这个辐射固化行业经过二十多年的发展壮大，已有数以千计的国内企业在从事辐射固化这个领域的各种各样原材料和产品的生产和销售，不仅开拓了国内市场，而且不少原材料还打入了国际市场。截至2016年，在由施文芳领衔的中国辐射固化专委会的有力领导下和行业同人的共同努力下，把一个高效、节能、环保、绿色的产业从零做到了100多亿元销售收入的可观规模，并保持年均约10%的增长，占全球UV市场三分之一还多。中国辐射固化行业这二十多年的发展，离不开中国辐射固化协会会长施文芳在其中发挥着的重要的、关键的推动作用。

作为辐射固化协会的发起人和领导者，施文芳参与了两届中国同位素与辐射行业协会辐射固化分会理事会和三届中国感光学会辐射固化专委会主任委员会，历任中国感光学会常务理事、中国辐射固化协会副会长兼秘书长、辐射固化专委会副主任、主任，直到2014年，她从第五届中国感光学会辐射固化专委会主任暨《辐射固化通讯》主编、亚洲辐射固化协会副主席任上退下，担任中国感光学会辐射固化专委会荣誉主任。二十多年来，她参与和推动了中国辐射固化行业的蓬勃发展，辐射固化在她生命中打下了最深的烙印。

以中国辐射固化专委会为平台，施文芳和全体理事会委员、主任委员会委员积极工作，不辞辛苦，不计报酬，同心同德，为发展我国辐射固化产业做出了卓越贡献：一方面组织国内长期从事辐射固化教学与科研的院校教授以及富有产品研发经验的企业技术人员作专题讲座、技术报告及新产品信息发布；另一方面邀请国外在辐射固化应用基础研究方面具有突出贡献的知名教授以及国际辐射固化组织的专家作关于地区或国家市场现状综述及进展。为此，专委会自成立以来，每隔年或每年召开中国辐射固化年会，为学术交流和技术合作提供平台。至施文芳离任，共召开了15届年会，每届都吸引了来自全国辐射固化领域约400名代表参会、40个左右口头报告、30家左右企业参加内部展示。近年随着人们对环境保护和节约能源日益关注，辐射固化年会吸引了越来越多的成员加入。

专委会经常举办研讨会、高级研讨班以及基础培训班，以进一步提高我国辐射固化从业人员的理论和技术水平，促进相互学习交流，还多次组织系列辐射固化技术培训班为企业培养人才、交流经验，施文芳亲自授课，并带学员参观由她建立的中科大辐射固化实验室。辐射固化技术高级研讨班和辐射固化基础培训班主要针对我国辐射固化产品生产和销售企业的管理人员以及刚进入辐射固化领域的相关技术人员、科研院所和大专院校专业人员，帮助他们尽快掌握辐射固化基本知识和提高应用技能。专委会与大学联合举办辐射固化技术高级研讨班，邀请国内外专家、学者作技术报告、市场综述，介绍新产品、新技术，组织答题会及开设"实验讲解和演示"课程。2003年以来共举办了17届辐射固化技术高级研讨班，每届参加人数都超过150人，2017年举办的UV-LED专题突破了300人。专委会成立以来，还举办了12次辐射固化基础培训班，组织了3次辐射固化技术研讨会。针对我国电子束（EB）辐射固化技术发展缓慢的实际情况，举办了4届低能电子束辐射固化技术高级研讨班。专委会为了普及辐射固化知识，在每届举办的中国国际辐射固化UV/EB原材料、设备及产品展览会期间，都安排了技术培训课程及专题报告会。

在国内兄弟协会的合作与交流方面，辐射固化专委会积极参加中国涂料工业协会、中国丝网印刷行业学会、中国黏合剂工业协会、中国日化协会、中国同位素与辐射行业协会和中国精细化工协会等数十家兄弟协会举办的各种活动，并相互交换内部刊物。与中国印刷机设备器材工业协会喷墨机特种墨印刷分会合作举办了2次包装印刷技术与应用研讨会，每次研讨会参加人数150人左右，交流互动热烈，充分展示了协会功能性作用，加强了行业间的交流沟通，拓展了代表们的视野，促进了行业的稳定发展。为了加强海峡两岸辐射固化同行之间的合作，专委会还召开了五届辐射固化技术研讨会。

在国际辐射固化协会组织之间的合作与交流方面，专委会一方面努力争取辐射固化国际会议能在国内召开，举办国际展览会和辐射固化产业发展国际论坛，邀请国际组织负责人和国外专家来华做讲座，从而为我国从事辐射固化产品生产和销售企业的管理人员和相关技术人员、科研院所和大专院校专业人员搭建学习和交流的平台。另一方面，专委会组团参加境外辐射固化国际会议暨展览会，参观国外相关公司，学习新产品、新技术和先进管理经验。专委会与北美辐射固化协会和日本辐射固化协会签订了《合作备忘录》，开展了实质性的交流与合作；主持召开了3届亚洲辐射固化国际会议，2届辐射固化产业发展国际论坛，6届中国国际紫外光/电子束固化原材料、设备及产品展览会；共组织了7个代表团分别参加了亚洲、北美和欧洲辐射固化国际会议暨展览会，让代表们打开眼界，收获匪浅。

施文芳带领辐射固化专委会把学术界和企业界整合在一起，把美国、日本、韩国、欧洲国家的相关资源整合在一起，推动了整个产业的飞速发展，为中国的辐射固化产业撑起了一片天空，为中国的民族工业发展做出了巨大贡献。祖国不会忘记，历史不会忘记。许多人称施文芳是中国辐射固化行业的鼻祖、泰斗，她当之无愧。

·推动科学技术转化为生产力

施文芳曾经说，她毕生的愿望就是推动我国辐射固化企业走出国门，参与国际竞争，实现整个产业的飞跃。她用自己下半辈子的全身心投入，践行了自己的诺言。

辐射固化从二十世纪六十年代国际上开始研究，到八十年代才发展成为一种材料表面处理的先进技术，在工业经济和社会生活中得到广泛应用，发挥出巨大的经济和环境效益。辐射固化涂料行业是一种新兴的热门行业，可为塑料制品提供硬度，具有耐磨和耐用的性能，同时还能增强装饰效果。辐射固化技术以其优异的表面性能和高固化速度、低污染、节能等特点，成为环境友好新技术，在我国得到突飞猛进的发展，其应用范围已从原来的地板涂料、木器涂料扩展到现在的油墨和塑料涂料、摩托车涂料、汽车涂料以及更先进的光纤/光缆、光盘、太阳膜、平板显示器功能性膜。目前，辐射固化工艺在生活中的应用十分广泛，大到芯片、电镀，小到生活中烤瓷补牙、指甲油、涂料、3D打印、水墨打印、家电外壳上的印刷，用的都是辐射固化技术。

辐射固化技术在中国真正地在商业上发展起来是二十世纪九十年代，当时主要应用于一些塑料制品的涂装（如PVC扣板涂料等）。在进入二十一世纪的第一个十年间，国内产量从11 271吨增加到51 987吨，增长了3.61倍；产值从41 176万元增加到243 343万元，增长了4.91倍，都高于我国GDP增长速度。目前，国内光固化涂料生产企业主要集中在华南地区的广东、华中地区的湖南和华东地区额江苏、浙江、上海5省市。

由于辐射固化技术具有高效、环保、节能、优质等特点，因此符合当今减污环保、减碳节能的绿色经济和可持续发展方针。二十世纪九十年代以来，我国高档家具、木地板以及电子工业及通信业的迅猛发展，给国内辐射固化涂料带来了前所未有的机遇，辐射固化涂料前景非常看好。

施文芳在深入进行紫外光固化和辐射固化方面的课题研究获得重大科研成果的基础上，致力把科研和产业发展相结合，促使我国的辐射固化产业规模化生产，赶上国际先进水平。在施文芳和中国辐射固化专委会的领导下，辐射固化产品已经发展到中、高档的手机、电脑和家电罩光漆，汽车反光镜、灯罩涂料和修补用漆，光盘和光纤涂料，真空镀膜漆，皮革和建材罩光漆，UV胶印、柔印、凹印油墨，UV装饰性油墨和UV喷墨油墨，光成像抗蚀剂以及各种UV胶黏剂，逐步形成一个新的高技术产业。为了满足烟包和食品、药品包装要求，无苯UV配方产品都已相继投产。辐射固化技术因其节能、环保,特别是快速固化的优势,将在航空航天器修补和涂装、金属防腐、复合材料、各种平板显示器、柔性光伏电池、生物材料以及光电子材料等应用领域获得进展。

施文芳一直以来是我国辐射固化领域研发的领军人物之一,她与德国巴斯夫(BASF)公司和盛威科公司、法国 Creat 公司、美国 DSM 公司以及中国台湾地区长兴、三皇公司等都有合作项目,与江苏利田、江苏三木、广东广信、天津久日、浙江佑谦公司等三十几家公司有合作关系。曾任上海药明康德新药开发有限公司执行主任、现任苏州圣苏新药有限公司首席技术官的蒋祥玉教授说,中国在辐射固化行业里能够赶上国际的先进水平,施文芳起了很大的作用,她开发新产品,同时还帮助和鼓励国内企业产品在国内外国际会议上展销,开展与国际和国内企业的项目合作,打开国际市场,对我国辐射固化行业的发展壮大做出了杰出的贡献,因此在这个领域里很受大家的尊敬。

据业内人士、无锡三木公司常务副总裁薛中群介绍,三木公司于 2001 年加入辐射固化协会,先后担任理事和财务理事。这个由大学的教授、工业企业的领导和科研院所领导组成的社团组织,在施文芳的领导下形成了一个群体,从上游到下游,从原材料到成品,应用的领域特别宽。通过"军团作战",国内辐射固化产业有了长足的发展,缩短了和美、日等国家的差距,可以和它们并驾齐驱。施老师在这个行业不仅仅是领军人物,她还为行业培养了一大批优秀的学生,对业内企业的发展起到了很大的推动作用。三木公司在施文芳团队的学术指导下,得到了学习和提高,积极参与国际辐射固化技术研讨会,在辐射固化这个环节从无到有,从产品少到国内领先,一直发展成为国内主要的辐射固化原材料和产品企业,并且在国际辐射固化的原材料市场上拓展出很大的份额和影响力。

施文芳的发明和专利技术帮助了很多企业发展,但她自己不追求名利。她指导的企业很多,浙江绍兴、江苏宜兴、淮安、盐城各地都有。2013年,她为了帮助一家东北的企业在南京化工园区申请项目,整理全部资料,多次往返南京帮企业写立项报告。政府要奖给她100万元,提供给她100平方米的实验室,提供120平方米的住宅,企业把她的技术作为股份入股让她当董事长,她都拒绝了,只接受了一点劳务费。她觉得能发挥专业的特长就满足了。她获取的都是有限的劳务费,心安理得,不计较"你给我多少钱,我给你多少技术"的所谓等价交换。她尽心尽力追求的是怎么让技术产业化,造福社会。她追求的是社会价值,而不是个人利益。

根据辐射固化行业组织中国感光学会辐射固化专业委员会近年来对行业进行的经济信息统计,国内2017年涂料消耗量达89 016吨,相比2016年增长20%;UV固化油墨消耗量达56 081吨,比2016年增长近12%。目前我国已经成为世界上辐射固化原材料和产品的生产大国、应用大国和原材料出口大国,部分产品在国际市场上备受欢迎,尤其是光引发剂已经完全占领国际市场。我国辐射固化产业的快速发展举世瞩目,国外同行纷纷来华进行技术交流、投资建厂,参与市场竞争。辐射固化专业委员会会员单位在近十年来一直保持在300家左右,企业的生产规模已经极大地扩张。据统计,过亿元产值的企业已超过40家(含8家上市公司)。

这些年来,辐射固化技术在中国的推动和普及,有赖于行业协会、企业联盟和各从业者的共同努力,并从政府层面积极推动这一先进的环保技术,从而让普通大众对辐射固化技术的优点有了更多了解。中国经过十几年的持续努力,环境状况和空气质量都得到了不错的改善,但形势仍然十分严峻。重视和强化推广包括辐射固化技术在内的低排放、低污染、低耗能的新工业技术,对于空气质量的持续改善十分重要。

2018年6月,中国政府正式发布了《打赢蓝天保卫战三年行动计划》。在日益重视环境保护和空气质量改善的大背景下,辐射固化技术必将发挥更大的作用,得到更广泛的推广和应用。施文芳毕生推进的辐射固化行业,将迎来一个新的"圆梦时刻"。

6 家庭篇
一路陪伴的幸福

越是优秀的人越是努力，越是富有的人越勤奋，越是智慧的人越谦卑学习！这一现象的根因在于：优秀的人总能看到比自己更好的，而平庸的人总能看到比自己更差的。努力后你会发现自己要比想象的更优秀！永远记住一句话：跟别人学、跟自己比；越努力，越幸运；越担当，越成长；越感恩，越福报！越付出，越得到！不断地修炼自己，完善自己！花若盛开，蝶自飞来！你若精彩，天自安排！

——施文芳·早安心语

· 比翼双飞在人间

"择一城终老,遇一人白首。"网络上这句痴情浪漫得近乎梦呓的话语,在瞿保钧和施文芳这对理科生的生活中却成了现实。

从 1965 年那个夏天在中科大校园相遇,他俩跨越半个多世纪的相守,其根基几乎就没有离开过中科大的校园,也没有离开过彼此。无论时代是革命至上还是经济至上,外界是精彩纷呈还是枯燥无趣,生活是坎坎坷坷还是平平淡淡,他们始终都坚守着事业,坚守着爱情,坚守着最初的选择。

一时的浪漫容易做到,一辈子的相守则需要对彼此付出更多的宽容、理解与爱。

1968 年,在北京。没有太多的花前月下,卿卿我我,同学三年的瞿保钧终于向施文芳表白成功,牵手未来。

1971 年,在邯郸。五七钢厂附近的林村农家租房里,相恋三年的瞿保钧和施文芳正式结为夫妻,悉心经营两人世界。当时,为了减轻双方家庭负担,他们甚至没有举办婚礼,就连婚纱照都是直到结婚二十九年后(2000 年儿子结婚那年)才到照相馆补拍了一张。他们并不觉得这是人生的遗憾,因为两人都是实实在在过日子的人,不注重太多的形式。夫妻俩在六十岁前都很少办生日宴,向对方说一声"祝你生日愉快",就算过生日了。

1985 年,在瑞典。分别一年的夫妻在斯德哥尔摩重聚。施文芳放弃日本京都大学留学机会,而追随瞿保钧的脚步赴瑞典留学,很大程度上是因为不放心丈夫的身体。她跨越重洋来到丈夫身边,是为了便于照顾他的生活,成就他的事业,她把重担压在自己身上来挑,给予丈夫无微不至的关照。但"无心插柳柳成荫",他俩都没有想到,在瑞典,施文芳自己的事业也水到渠成了,印证了"天助自助者"这一至理名言。两次相伴异域求学,夫妻俩相濡以沫,在生活和学业上相互扶助,成就彼此。

2010 年,在合肥。两年内先后退休的瞿保钧和施文芳,又先后被中科大高分子系返聘任教。在这个校园里已相伴了三十七年的老两口,在家人眼里,在同学眼里,尤其是在中科大的学生和同事眼里,他们就是一对"神仙眷侣"。虽在一个院系工作,但他们平时各自奔忙。虽然没有在校园里手挽着手同进同出,甚至没有一起逛过街,但他们夫妻恩爱,彼此关照,却有目共睹,令人羡慕。大家都说,他们两个是为彼此而生的,他们的浪漫不在形式上,而在骨子里。

从1965年校园相识到2018年施文芳离世,两人相伴人间五十三年,比翼双飞,不离不弃,风雨同舟,甘苦与共,奋斗过、辉煌过、幸福过。他们在一个个平淡如水的日子里,用一个个琐碎的生活细节,诠释着什么是真正的爱情。

例如,施文芳喜欢吃年糕、糯米甜心团子等甜食,但在瞿保钧查出糖尿病后,施文芳为了照顾他,在家做菜都不会加糖,乃至影响到儿子从小到大都不太爱吃糖果及糕点等甜食,改变了全家的饮食习惯。

过日子免不了会有磕磕碰碰,但两人都能迅速地调整自己的状态,给家庭留下一个和谐的空间。年轻时,瞿保钧身体不好,家务基本都是施文芳在做。有次她拖地后在水槽里清洗拖把时,不小心将挂在厨房里的一个放米饭的篮子(二十世纪七十年代中期还没有冰箱)打落在地上,米饭撒了一地。瞿保钧带着气,态度生硬地大声责怪了妻子几句,妻子委屈地哭了。瞿保钧马上懊悔地意识到自己伤害了妻子的自尊心和自信心,赶紧态度诚恳地向妻子赔礼道歉,施文芳转身就原谅了丈夫。那一次过后,施文芳对丈夫"臭脾气"更具"免疫力"了,半个多世纪以来,两人没有吵过架,很少红过脸。妻子的包容和大度,让丈夫的脾气也慢慢改好了。

后来,瞿保钧说,夫妻相处一定要互相尊重、平等相待,要从对方的角度去想,不能只从自己的角度去考虑问题。丈夫一定要尊重妻子想法的方方面面,即使不同意也要去征求她为什么不同意的原因。她要是不接受的话,即使以后证明你是对的,我也要等待,不能去强求。所以他们俩在重要事情上,只要有一方不同意,另一方就不去做,只有双方都同意才会去实施,这样相处就不会发生大的矛盾或冲突。

瞿保钧评上正教授的时间比妻子早一年,是国内外有名气的高分子材料与加工领域中的二级教授。即使在他退休多年之后,其材料科学方面的研究论文引用率连续六年(2014—2019年)在材料科学领域"中国高被引学者榜单"中名列前茅。虽然瞿保钧学术成就更高,但有一段时间里施文芳兼任行政职务,平时工作会更忙碌,于是瞿保钧就在家里多做点家务。施文芳的学生程喜娥说,有时施老师正在给学生讲课,瞿老师会打电话来说饭做好了,让她回家吃饭。吃完饭,施老师会去刷碗,她说不然自己又要坐在电脑前,刷碗还可以站一下,想一下其他的问题。他们的分工很明确,一个人做饭,另一个人刷碗。在柴米油盐和锅碗瓢盆交响曲中,爱情在默默地升华。

瞿保钧说:"自从我们两人结婚以来,就把彼此的命运托付给了对方,已经谁也离不开谁了!从个人事业上讲,离开了一个人,另一个人的事业都不会有今天这样的成功。从家庭日常生活上讲,也不会如此幸福美满。可以这么说,我们两人的融合相处达到了数学上所说的'1+1大于2'的效果;从化学角度上看,两人的默契又好像化学反应中的'协同效应'取得的效果……施文芳成为我的妻子,我感到十分幸运和一辈子的幸福,真正体验到了'大树底下好乘凉'的感觉。"

因为瞿保钧二十多岁即患上糖尿病,更多的是施文芳照顾丈夫,没想到到了晚年施文芳突发淋巴癌,两人角色互换,变成瞿保钧无微不至地照顾妻子了。瞿保钧不顾自己的病患,视力又不好,始终陪伴在妻子身边,相依相扶多次住返合肥、上海、广州各大医院求医就诊,帮妻子排队挂号拿药,为妻子熬中药进行调理,给予她精神的支撑、病情的研讨和生活上的照料。他们夫妻之间,不仅夫唱妇随,而且相依为命。

施文芳离世后,瞿保钧感觉天都要塌下来了。家乡有"五七"的习俗,每隔一个七天瞿保钧都在家中做些饭菜、摆些水果、点上蜡烛和香,面对妻子遗像悼念她。空荡荡的家里就剩下了他一个人,整整三十五天他不打电话,胸口也闷得慌。一个多月后,瞿保钧仍无法摆脱对妻子的思念,坚持要把妻子的骨灰盒放在自己房间里。

经亲朋好友反复劝说，他才答应和家人在上海嘉定"松鹤园"挑选了一块墓地，让妻子入土为安。瞿保钧提出了一个要求：在墓前给妻子建一座全身铜像，以表达他和儿子对她的恩情和厚爱的感谢。墓园设计制作铜像的人说，通常墓地里建铜像是纪念男性，而浮雕壁画像是纪念女性。瞿保钧坚定地说："我家以她为主，雕塑铜像的主人应该是她！"

·小小少年在成长

1999年12月，在瑞典斯德哥尔摩，二十七岁的中国青年瞿欣庄重地戴上瑞典皇家工学院理学博士帽，此时的瞿欣早已在美国哥伦比亚大学做博士后了，为自己的人生、为父母的愿望、为即将过去的二十世纪给出了一个圆满的答案。

分别在七年前和五年前，他的父母——瞿保钧和施文芳，分别在同一地点同一专业曾戴上同样的博士帽。一家三口，在同样的学术道路上，前赴后继，共攀高峰，被传为佳话。后来，瞿欣饱含深情地说："我有一位慈母，她是我生命里最爱与最钦佩的人。在我人生的每个阶段，我的母亲都是我不变的榜样……我很庆幸成为她的孩子。她让我知道为人的意义。"

瞿欣是瞿保钧夫妇的独子，自1972年在河北邯郸出生，就是夫妻俩的宝贝。但是在他成长的青少年阶段，因父母繁忙的工作和学习，全家经历过一次又一次的分别：

1973年，施文芳、瞿保钧夫妇重返中科大"回炉"进修，无暇照顾家庭，便忍痛把十个月大的瞿欣送到施文芳的启东老家，让外公外婆带了他一年。

1978年，因瞿欣不到入学年龄，又被送到常熟瞿保钧老家，在爷爷的陪伴下上了半年小学，之后再转回到合肥，上中科大附属小学。

1985年，因瞿保钧、施文芳夫妇相继出国赴瑞典留学，在中科大附中读初二的瞿欣又被送到千里之外的四川省都江堰市，跟随姨妈施文秀一家生活，在宁江机床厂子弟学校度过了两年求学生涯。

1991—1992 年,父母再次赴瑞典留学,在中科大求学的瞿欣又面临着家庭的分离……

无情未必真豪杰,怜子如何不丈夫?在瞿欣出生的那个年代,施文芳和瞿保钧是可以生很多孩子的,但是他们都是要为事业奋斗的人,没有精力去照顾第二个孩子。两个人商量好了,把精力用在瞿欣一个人身上。虽然在早期一家三口聚少离多,但夫妇俩对儿子的教育始终没有放松。

在对孩子教育的问题上,施文芳和瞿保钧最初存在分歧——妈妈疼爱儿子,爸爸总是很严厉地管教。瞿欣从小就很顽皮,贪玩、上课不停做小动作,对学习满不在乎,但他从来不跟别人打架。1978 年 9 月,瞿欣还差一个月才满六周岁还不能上小学(按当时的规定要六周岁才能上小学),但他已经上完了幼儿园大班,脑子也机灵,100 以内的加减乘除都能赛过邻居家的二年级学生,如果不能上学荒废在家就麻烦了。于是父母就把小瞿欣送常熟老家,由爷爷带着去上了学。在常熟,老师教的东西他都会,上课根本不好好听,老师也拿他没有办法。在农村的小孩子也都挺喜欢他的,他长得漂亮又爱玩,在小孩子中间又有点子,孩子们都拥戴他。父母感到这样下去不是办法,于是瞿欣在常熟只读了半年,就被安排到合肥的校外小学借读了半年,二年级时进了中科大附小。但老家养成的不好好听课的坏习惯他没有改,跟不上班,但他也不在乎,说 60 分万岁。任课老师向瞿保钧告状:"你小孩子很聪明,但课堂纪律差,上课只听 15 分钟,而且作业错了也不订正。"父亲听了恼火,跟儿子三言两语说不通,就开始揍他。施文芳坚决反对,说她的兄弟姐妹在成长之路上都没有挨过打,反而个个都成材了。她父亲在世时曾教育她们兄弟姐妹,管教孩子要讲道理,好孩子不是靠训出来的。她继承了父亲的观念,主张不管儿子错与对都不能打。丈夫认为妻子这种做法就是放弃不管儿子,夫妻俩都说服不了彼此。

后来在瑞典留学,瞿保钧有一次看见一个男孩子同他爸爸在站台上等地铁。那个孩子一看见火车过来高兴得像疯了一样冲出去,被他爸爸一下子抓住。小孩为此恼火得哭闹,还打他爸爸发脾气,他爸爸则一动也不动地任他发脾气。小孩子发过脾气后发现那辆车不是他们要乘的,这时他爸爸把他拉过来告诉这个孩子这样做太危险了。小孩子倒也平静了,似乎听懂了他爸爸的话。后来瞿保钧了解到,瑞典法律是不允许打孩子的,如果父亲打孩子被举报了,父亲是要去坐班房的。这件事对瞿保钧触动很大。回国后,瞿保钧特地当面向儿子道歉,说:"爸爸以前打你是不对的,现在向你检讨,以后再也不会打你了,但你要好好地学习。"儿子非常激动,比小时候更听话更配合了。之后的年月里,他们的家庭成员都很平等,有事情就坐下来好好谈,商量着办。瞿保钧最后悟出来一个道理,小孩子不想要学的时候是逼不出来的,还会让他产生一种逆反心理;顺其自然,当他懂事点,适时温柔点对待他,同他讲道理,多讲几遍有可能他就听进去了,有时表面上不听你的,但实际上他心里记进去了,然后暗地里就会照着你说的去做。孩子也有自尊心,家长要注意保护。他终于理解了妻子不主张打孩子的良苦用心。

  瞿欣上学的年龄小,小学时候很顽皮淘气,成绩在班上排四十名左右。考初中时,爸爸把瞿欣关在实验室里一个多星期,吃住都在那里,让他专心学习,妈妈则做好了每顿饭后送到实验室,这样瞿欣总算考上了初中。初中阶段,瞿欣因父母出国而转学到四川都江堰一个工厂子弟学校,那个学校两个班五十多个人,因为远离父母又比较贪玩,成绩又掉到全班的后面。1987年瞿欣在四川上高一时学习成绩很差,英文不及格,只考了18分。瞿保钧夫妇在国外再也待不住了,强烈意识到培养儿子成才才是他俩压倒一切的头等大事,如果儿子不成才,夫妻俩就会后悔一辈子。考虑到儿子未来的前途,瞿保钧放弃了再坚持一两年就可以拿到的博士学位,毅然与施文芳一起回国。他们把自己的实验材料、专用化学药品及器材等物品包装好,放置在其他人不易拿到的地方,希望一有机会还要到瑞典继续完成未了的事业。两人费尽周折把儿子转回合肥,安排在重点中学合肥八中(李克强总理的母校)重点班重读高一。合肥八中名气很大,瞿欣进校以后成绩跟不上,爸爸妈妈就找了一些大学生来给他补课。自此以后,儿子的学业成绩有显著进步,在班上第十几名,物理都考了第一。高中三年瞿欣努力学习，高考成绩超过了重点大学招录分数线 7 分，考进了中科大高分子材料专业，与父母成了校友。1994 年中科大学士毕业后，他又出国攻读博士学位，于次年入学瑞典皇家工学院高分子系，再次与父母成了校友。瞿欣能进入瑞典皇家工学院高分子系成为博士研究生，还有个小故事。在儿子瞿欣最初是在瑞典卡罗林斯卡学院（瑞典诺贝尔医学奖的评审单位）Rabek 教授处读博的，凡是瑞典皇家工学院、瑞典卡罗林斯卡学院和斯德哥尔摩大学三所院校上课拿到的学分都能互认，因此，瞿欣经常到瑞典皇家工学院去上课。有一次瞿欣同他妈妈一起听了美国教授上的高分子化学必修课，并通过考试拿到了该课程的学分。瑞典皇家工学院高分子系主任 Ann-Christing Albertsson 教授在查看研究生成绩单时发现一个叫 Qu Xin（瞿欣）的中国学生成绩最优秀，就找施文芳询问这个学生。施文芳把实情告诉了她。系主任 Albertsson 教授埋怨施文芳为什么不把儿子推荐到她这里来读博，而且给予了瞿欣与瑞典博士生同等的奖学金待遇。直接招收来自中国大学本科生做博士研究生，还给予与瑞典博士生同等待遇的奖学金，这在瑞典皇家工学院高分子系里还是破天荒的头一回！在瑞典读研究生期间，瞿欣科研工作能力特别强，实验设计严密，实验数据做得很仔细完整，文章发表又快又好，得到了他的导师 Albertsson 教授的高度赞扬。博士论文还未答辩，导师就推荐瞿欣去美国哥伦比亚大学做博士后，并同意他做一段博士后研究工作之后再回瑞典答辩。从此，瞿欣逐渐走上了独立做研发项目的道路。

因为学习和科研工作紧张，瞿欣小时候多次被放在亲戚家抚养，施文芳一直觉得，她对家人、对朋友、对学生都尽心尽力地关心照顾了，唯独对儿子没能做到，因此十分珍惜相聚的日子。1974 年回到中科大不到一年，她克服种种困难，把儿子和他外婆一起接回合肥，共同陪伴。1985 年第一次出国留学，按规定可以带不满十八周岁的儿子出国，但考虑到夫妻总是夜不归宿地工作，不利于儿子成长，一家三口都出去也不利于以后归国发展，就又忍痛把儿子送到四川姨妈家抚养。施文芳曾对儿子说："妈妈心里一直对你感到歉疚，为了自己出去留学,妈妈一直没有好好照顾你,让你受了那么多的苦。"后来儿子也理解了妈妈的苦衷,1994年7月大学毕业后也赴瑞典留学。当时施文芳正处在完成博士学位的最后冲刺阶段,为了不让妻子为儿子分散精力,也为了不让儿子感到不适应国外环境,瞿保钧特意在暑假期间去了瑞典两个多月。这段时间,好似一家三口人的住地从中国换到了瑞典,家庭氛围和谐融洽。这次去瑞典陪伴儿子的同时,瞿保钧也收到了一个意外的收获:瞿保钧夫妇同导师本·朗比教授一起为美国CRC出版的《聚合物材料百科全书》撰写"光交联"专题篇章。

瞿欣对施文芳的母爱感受很深:"我是她唯一的儿子,她把所有母亲能做到的、能让儿子喜欢的好东西都想到做到了极致完美。"直到儿子成年,每次见了儿子,施文芳还要给他买衣服,给他带很多生活用品;儿子一回家,她就要下厨房烧菜,离开家时还要大包小包地让儿子带上,儿子知道这个习惯了,每次回家都特意带一个大箱子。换季时,每次打电话施文芳都要叮咛他换洗被子,每次来上海时都要特地到儿子的家里做家务,甚至在晚年患病做化疗期间,还要到儿子家里帮助收拾一下。瞿欣的妻子高宇说:"妈妈一年四季提醒我们换床被,她比天气预报还厉害。外出一起旅游,不管到哪里,住宿时她总是为我们挑一个大房间,她总是住进最小的房间。即使生病了,她也要下厨给我们做好吃的。"在妈妈眼里,儿子永远是长不大的孩子。妈妈走后,瞿欣回想起这些点点滴滴的生活细节,更感到这份母爱弥足珍贵。

施文芳用自己的言传身教,在生活的细节中教儿子做人的道理。在瞿欣的记忆里,妈妈非常温柔,但也有厉害的时候。他记得四岁那年,有一次小舅来合肥他家玩。临走时小舅在火车站塞给他一百块压岁钱,但妈妈要他把钱还给小舅。小瞿欣很不高兴:"都给了我了,为什么我不能要?!"妈妈说:"小舅舅也困难,这个钱你就是不能要!"瞿欣小时候很多事情都忘记了,唯独这件事情记得特别清晰。妈妈一直都是首先为别人考虑,从他小时候记事起一直到他长大成人,为人处世都是如此,无论从她的观念上,还是和亲戚、朋友、同事或学生打交道的实际行动中都是这样做的。

在儿子人生道路的选择上，施文芳因材施教，循循善诱。瞿欣从小记性不强但想象力丰富，因此应试阶段学习能力不突出。但母亲看到了儿子的思维能力的优势，鼓励他走科研的道路。上了大学后，他做科研的想象力和逻辑思维能力优势很好地发挥出来。他感慨地说："虽然我很努力，但没有爸爸妈妈的帮助指引，我不可能也达不到今天的地步。"

1999年8月，瞿欣即将博士学位论文答辩之时，他收到了美国哥伦比亚大学让他去做博士后的工作邀请，并要求他先去报到，开始工作一段时间后再回瑞典答辩。瞿欣在哥伦比亚大学做了三年博士后，之后先后任职美国新泽西州Hydromer公司资深研究员、国际特品（美国）公司上海研发中心经理、亚什兰（美国）全球创新研发中心研发总监，研发工作干得很出色，开创出属于自己的事业，目前还兼任北京工商大学化学工程专业校外导师、《日用化学品科学》期刊理事会常务理事、中国日用化学工业信息中心编辑委员会编委、上海东方美容化妆品技术研究中心皮肤健康委员会副主任委员等职，其工作能力和业绩受到业界一致认可和推崇。

·热爱生活

施文芳是一位在专业领域和行业中享誉中外的杰出学者型科学家、教书育人有方、桃李满天下的优秀教师和卓有成效的学术、行政管理者。有人想当然地以为她是一个"工作狂"或"女强人"，其实不然。在朝夕相处的家人眼里，她是一个热爱生活、热爱家庭、贤妻良母型的中国传统女性。

在瞿欣眼里，妈妈有非常强势的一面，一旦确定了的事，从来不说要放弃。但在家里面很温柔，因为她工作通常一直繁忙，干家务不多，但一旦做起家务来总是井井有条的，她和爸爸的关系也很亲密，从来没有吵过架。

施文芳经常加班加点。通常中午她会回家吃午饭和午休一个小时左右，再忙也不会通宵达旦，十二点左右就休息，保证充足睡眠。如有紧急事情第二天必须处理完成的话，她就会在第二天清早四五点钟起来。

工作期间，她特别喜欢喝咖啡，上午一杯咖啡，下午一杯咖啡。夏天的时候她把空调温度调得很低，学生进她办公室都会感觉到穿短袖太冷。她习惯在室温低的环境下工作，觉得人的脑子清爽、精神好，工作效率高。晚年患病后，喝咖啡的习惯才慢慢戒掉。

退休后，她在家里也经常下厨房炒菜做饭，凡是家里有亲戚朋友来访、儿子儿媳回来，她总是要下厨烧菜招待他们。不管是自己的小家庭，还是双方兄弟姐妹辈的大家庭，她都能相处得十分融洽和谐。她在网上还创建了"和谐幸福美满大家庭""我爱我家"等微信群，成为大家庭各成员联络沟通的有效渠道之一。

施文芳爱好比较少，除了看书，而且看的书都是专业书。她的一生就是教书、搞科研、培养学生，众多的社会兼职离不开她的专业。但是，跟大多数女人一样，施文芳也喜欢旅游、美食和漂亮的衣服。她为人自然和谐，几乎没有花色艳丽的衣服，着装比较喜欢蔚蓝、淡蓝及天蓝等素色的衣服，冬季喜欢穿乳白色的羽绒大衣和红色、粉红色的羊绒衫等。平常工作很忙碌，她很少逛商场买衣服，很节约，但很会打扮自己。她十分注意自己的形象，把自己打扮得庄重优雅，有气质和风度。要出去做报告或参加聚会前，她就会把自己的头发护理好，选择穿着讲究式样、布料质量、大方又有气质的衣服。

在儿子印象里，妈妈是一个很勤快的人，做家务虽然少，但只要儿子和儿媳妇一起回家，她是一定要做一大桌子好吃的菜让大家吃个痛快。妈妈的厨艺很好，能做海鲜等高档菜。在施文芳的外甥张缚龙记忆里，姨妈很会做饭，特别爱吃海鲜，爱吃点心甜食。姨妈也算一个吃货，她说过有好吃的绝对不放过，哪儿有好吃的她一定要去尝一尝，很会享受生活。她爱说爱笑爱玩，家里聚餐时一定要喝点小酒。

施文芳整天忙忙碌碌，不是在办公室里加班，就是坐在家里计算机前面打字。一次在家，她对儿子说想去学摄影，把过去拍的老照片变成数码照片，修一修后收藏起来。后来她还真的去过中科大老年大学学习过一段时间的摄影课程，直到生病休息才没有再去听课。她会用手机里的软件把拍过的照片整理成可以发出声音的美图，发在微信上给亲戚朋友们欣赏。施文芳爱旅游但很少专门去旅游，更多的是利用外出开会作报告的间隙顺便旅游一下。她去了全世界很多地方。打开她的相册，可以看到她美丽的倩影曾留在除西藏外的国内几乎所有省、自治区、直辖市，包括港澳台地区；还有除南极和北极之外的世界所有大洲。曾经有一次她让外甥张缚龙给她推荐相机，想要旅游和拍照；还有一次在电话里，跟外甥说她想买辆车，开着车带上丈夫到周边旅游，好好地玩一下，重游故地，访访老朋友、学生……她的内心有很多喜好的东西，但是她的工作占去了全部的精力，想做的这些事情一个都没有实现。

·妈妈，我们爱您

施文芳一家是学者型、事业型的家庭，为取得科研和应用上的更大成就，求学、研学、讲学，成为一家人"永远在路上"的主旋律。直到 2006 年瞿欣从美国回到国内创业发展，一家人才算真正意义上团聚在一起。

家庭欢聚的时光总是短暂而又甜蜜。施文芳十分享受也十分珍惜家庭生活，努力营造一个民主、平等、和谐、宽松的家庭氛围。儿子瞿欣回忆，妈妈是一个性格外向的人，她从来都不知道烦恼。瞿欣有什么困惑也会和妈妈交流，她会给儿子一些建议，但从不强迫他服从。当儿子在美国想回中国创业而犹豫不决时，她鼓励他："你包一拎不就回来了嘛！"施文芳和瞿保钧从内心深处希望儿子回国，这样他们就能经常见面，长时间地待在一起。

瞿欣有个女儿叫瞿杰米，在美国上学。施文芳喜欢把孙女的照片整理得井井有条，从出生开始到逐年长大的照片制作成多本相册。孙女也很喜欢奶奶，她们经常进行视频通话，孙女有什么好吃的，有什么心事都会和奶奶说。瞿欣每次去美国，妈妈都要给孙女带一些礼品，每年还会给她寄一些生活费，不让孩子吃苦。每次孙女放假回国，他们经常会到机场去接她，然后带她出去玩，买东西。这个过程中瞿欣也会出一些钱，但别人问起来东西是谁买的，杰米都会说："我奶奶买的。"杰米在美国也努力学习中文，还告诉奶奶："一定要学会中文，等大学毕业了，要到上海实习，要回到中国。"

瞿欣的妻子高宇是西安人，从陕西长安大学毕业后来到上海创业，如今拥有一家自己的公司，现任上海慧狮广告有限公司董事长。2008年她与瞿欣还在谈恋爱，确定关系后第一次上门见"婆婆"，就被施文芳的人格魅力所吸引了，两人有一见如故的感觉。高宇说："妈妈态度特别和蔼，交谈起来没有距离感，而且我们长得还挺像，天然有种亲切感，后来她还送了我一个六千多块钱的雅诗兰黛的礼盒，我真的很开心。2009年我和瞿欣结婚后，和他父母从来没有吵过架，就连一个难堪都没有。我们的沟通都非常顺畅，那种爱是真实的，不是客气，不是因为家庭缘故而刻意做出来的礼貌。这在很多家庭中不常见。"

高宇和瞿欣结婚后，一直都叫施文芳"妈妈"，从来就没有叫过"婆婆"，施文芳也把儿媳当作女儿。在高宇眼里，婆婆并不是那种琐碎的、世俗的女人。婆媳之间沟通交流完全无障碍，高宇觉得非常幸福，如同母爱一般享受。儿媳爱吃啥爱穿啥，施文芳都心里有数，对她的喜好记得非常清楚。比如高宇爱吃鱼，在家聚会时施文芳就会同时做两条，按不同的做法，满足各自不同的口味。走的时候还把儿媳爱吃的菜亲手做好给她带火车上吃。"这确实就跟亲妈是一样的，那是爱的表达。我们挺爱我妈的。"高宇说。

瞿欣说："妈妈从来没有和我太太红过脸，更没有吵过架。因为我太太是办公司的，会说话，说话直爽，不计较，会做人。两代人的思想观念和为人处世肯定有代沟，小的矛盾肯定有，但都不会激化，婆媳关系相处得特别好。作为一个儿子，我有点遗憾的是跟父母交流得比较少，我要是个女儿就要好得多，我太太进入这个家庭就弥补了这个遗憾。父母来上海，我太太倒是和他们聊得来，有时候聊得热火朝天的，谈论衣服，谈论健康饮食，家长里短，天南海北，无话不说。作为儿子，我更愿意默默地做一些事情，和父母交流就少得多。"

高宇对婆婆施文芳充满爱意："她做事情很认真，每次我跟她在一块的时候都看到她工作到深夜十二点。她对学生很负责，帮助修改质量已经较高的文章，因为她很追求完美，这些其实都挺打动我们的。一个老人家，加班的时间跟我们年轻人一样，这个确实很难做到，如果没有强烈的责任心和这种追求完美的个性，就很难做到这点。"

"我觉得我妈教给我最大的道理就是平衡家庭和事业，留给我最重要的财富是善良的品行。我妈的事业很成功，家庭也很幸福，她觉得这是一个聪明的女人该有的本事。我现在工作再忙，但我也要非常重视跟小家庭的关系、跟父母的关系，我觉得这是我作为女人从我妈那里传承下来的，这是特别宝贵的素质。家庭和事业这种聪明的处理和平衡，我们绝对不会顾此失彼。我妈特别会站在别人的角度思考问题。比如我工作有时候会特别忙，会忘记我自己的父母，不是在心里忘记，而是在行为上，这时候我妈就会交给我一些做女儿应该准备的礼物，让我送给我的父母。有时候我特别忙乱的时候，心里挺烦，这时我妈就跟我聊我公司的事情。她告诉我最多的就是多找人做管理，自己也做一个管理者。我妈在工作上是一个特别有思路和方法的人，我觉得她比我优秀太多了，很多我都想做，但做得还不太好。"

大爱无疆，真爱永恒。施文芳至真至善、至美至爱的精神并未随她生命的消逝而远去。2018年2月22日，在施文芳追悼会上，瞿欣饱含深情地与远在天国的母亲隔空对话："妈妈，请您安心走好，我们会像您期盼的那样好好地工作、生活，做更好的自己。爱不会离开，我们永远都在一起。……未来，我会继续以我母亲为榜样，大善予人，坚韧与生。妈妈，您一路走好，我们爱您，不会相隔。"

7 晚晴篇
一辈子不长，
只要尽过心用过情

　　人最大的魅力，是有一种阳光的心态。韶华易逝，容颜易老，浮华终是云烟。拥抱一种阳光的心态，得失了无忧，来去都随缘。一个优雅的人，养眼又养心，才是魅力十足的人。容貌乃天成，浮华在身外，心里满是阳光，才是永恒的美。活在当下，才是全身心地投入人生的最佳生活方式，才是一种最真实的人生态度。人生苦短，好不好都不必遗憾，乐不乐都不要失望。过得好是精彩，过不好是经历。不经历风雨，哪能见到彩虹？不尝过人生百味，哪能懂得人生的真谛？人生在世，一辈子不长，只要你尽过心，用过情，也就不必遗憾，更不必悔恨。

　　　　　　　　　　　　——施文芳·晚安心语

·朋友一生一起走

2015年4月6日,启东中学高三(2)班毕业五十年同学聚会热热闹闹地开场了。30名老头老太太仿佛重返青春时代,开心地畅叙跨越半个世纪的同学情谊。作为聚会主要发起人,施文芳和另一个同学主持协调,问长问短,有说有笑,像年轻时一样乐观开朗,还全场照相录像,会场气氛十分活跃。她的同学黄薇说:"五十年来,这是我们度过的最快乐的一天!"

可是在场的师生谁也不知道,几个月前施文芳身体已查出肾脏病变(淋巴瘤)。但她对同学们隐瞒了自己的病情,她审定聚会议程、安排会务、选购礼品,像组织国际大型会议一样认真。她为大家选购的聚会礼物是高质量的进口人体电子秤,后来同学们意识到,这是在表达她发现自己生病后,希望同学们都能够时刻关注自身身体,健健康康地生活的愿望。

在筹备过程中,施文芳想方设法地寻找多年失散或不常联系的同学。有一个同学因当年高考落榜,对参加聚会有思想顾虑。文芳打电话做他思想工作,诚恳地邀请其参加。在她的感召下,那位同学愉快地参加了同学聚会,并成了同学微信群的活跃分子。为此,他非常感谢文芳帮助他回到了高三(2)班这个集体中。聚会办得很成功,几十年未见的老师、同学相见,大家激动万分。聚会间隙,文芳还带领部分同学去看望年事已高的王来庭主任和宋佰涛老师,以及一名因患病不能参加同学聚会的杨翠英同学。聚会结余几千元钱,聚会负责人提议退给施文芳(同学聚会参与者都AA制,每人拿500元,但她拿出了1万元),而她提议以全班同学的名义捐助给了一名去年做肝移植手术的老同学。这些细节,都体现出了她对老师和同学的关心和帮助,体现出了她的善良、真诚和热心。

做施文芳的同学和朋友是幸运的,总是能得到她春风化雨般的关心和问候。多少年过后,她的同学朋友们回忆起施文芳,跳入脑海的都是她的与人为善、热情真诚、乐于助人。这些优良品质,仿佛是与生俱来的,从认识她就是这样,多年不见再聚首还是这样。

就像那首歌里唱的："真爱过，才会懂，会寂寞，会回首，终有梦，终有你，在心中。朋友一生一起走，那些日子不再有，一句话，一辈子，一生情，一杯酒。朋友不曾孤单过，一声朋友你会懂，还有伤，还有痛，还要走，还有我……"

参加工作后，每次回启东老家探亲，施文芳总要挤出时间看望中学母校的老师——徐乃华书记、王来庭主任、李鹏年、宋佰涛等老师，或与汇龙镇的老同学聚聚。每次看望老师、老同学，她都会送上数量不等的慰问金或补品。当她得知有一名同学身患重病（二次换肝）时，就到他家里看望，送上慰问金，并安慰、鼓励其与疾病作斗争；另一名男同学生病及一名女同学腿骨折行动不便，她知道后也都上门看望送上慰问金，仿佛她仍然是他们的班长、团支书。作为一个大学教授，施文芳经济上并不算太富裕，平时生活她也很节俭。一次她在微信中与中学同学、闺密施瑞香聊天说："抽屉里也放满了毛衣，起球的、假毛的，都舍不得放弃。我们这辈人啊！"由此可见，文芳是个生活上不追求享受、处处节俭的人，可是她对老师、同学和朋友却很慷慨大方，从不斤斤计较。她心里时刻装着别人，唯独没有自己。

施文芳中学毕业后，与很多同学都联系很多，通信不断。她的中学同学施瑞香"文革"期间跟同学大串联，在毛主席第三次接见红卫兵前到北京，当时在中科大红卫兵接待站的施文芳热情接待，安排她们在天安门广场等候毛主席接见。施瑞香回忆，在大学期间，她俩一个月通信一两次，信写得很长。信中互相倾诉在入党上、找对象上的感想和做法。文芳很有思想很有主见，认真帮朋友分析判断。文芳还是瑞香的入党领路人。1965年文芳上大学后不久就成为入党考察培养对象，瑞香知道后又高兴又自卑，文芳马上来信鼓励她勇敢地向党组织靠拢，学习党的基本知识、党章及《论共产党员修养》，要她自觉地以共产党员标准要求自己。在文芳的鼓励和支持下，瑞香于1966年5月正式加入了中国共产党。她深切地感受到文芳给予她政治上、思想上的关心和帮助，比什么都重要，比什么都珍贵。

参加工作以后，施瑞香长期在组织部门工作，机关工作很平淡，谈不上什么业绩，于是她不太安心。施文芳又来信帮朋友分析在机关工作的利弊，认为在机关工作同样锻炼人，尤其在组织部门选拔培养优秀人才是一项很有意义的工作，要她安心在机关，踏踏实实地做好本职工作。在她的开导和鼓励下，施瑞香安下心来，尽责尽力做好本职工作，也逐步由一个普通干部走上了领导岗位。

在生活上，文芳也很关心体贴朋友。知道瑞香经济条件不是太好，而两人通话时间比较长，所以文芳往往主动打电话过去，以节省朋友的电话费。事情虽小，却反映了她处处为别人着想的精神。每次到南京出差，她都把瑞香夫妇请到她住的酒店小聚，不让老同学破费招待她。2013年9月，她特地邀请瑞香夫妇去上海游玩，不但买了来回的火车票，安排了酒店食宿，还陪着游览了黄浦江夜景，逛了南京路，给老同学买了真丝衬衫、羊毛衫、化妆品等，同时还安排了在沪居住的部分老同学聚会，细心周到的体贴关心让瑞香十分感动和感激。2014年瑞香七十岁生日前，文芳邮来了一个包裹，送来生日礼物，并发微信告诉她："一条红黑格子围巾，年纪大了应该颜色艳一点，好看且显得年轻；两瓶西洋参，补养身体；一包大红枣，冬天吃补暖；一包香菇，多吃菌类可提高免疫力。"她那时还在带研究生，并担任行业协会会长，平时工作那么忙都没忘记老同学的生日，这让瑞香真切地感受到情义无价、姐妹情深。

施文芳的大学好友、如今定居在澳大利亚的孔庆翔说："她喜欢帮助别人，所以她就有很多朋友。我们之间不是那种你求我一件事，我求你一件事的关系，我们就像一家人一样。我们就是一种闺密的关系。我女儿没有结婚，她就积极地想办法找对象。我有一个侄女很优秀，在北大，她就经常打电话关照她不要太劳累，教她怎么搞学术研究，等等，非常关心。我的一生无论到了什么地方，在盐场、在邯郸山沟钢厂、在天津物理所、在常州，她都不辞辛苦、千里迢迢来看我，一直都没有断过联系。我们在盐场的宿舍里同挤在一床沾满大盐粒的被子里长谈到凌晨三点。文芳和我妈妈倾吐心里话，我妈妈鼓励她和保钧交朋友。为了离我工作的地方近，她又特地申请来到了邯郸附近的一个小小的五七钢厂工作。她从年轻时就给人的印象是身体好，又能干又能吃苦，是乐天派，整天笑呵呵的，能有后来的一切成就，都是很自然的。我和她在一起什么都聊，当然聊得最多的还是我们的学习生活。她结婚了，我就去看她，那次的印象很深。她带我们去参观五七钢铁厂的车间，看到她和保钧那一副工人模样，干得那么出色，谁不夸奖他们呢？在我和刘济夫结婚的时候，她特地从南通老家给我带了一条自家织布机织的美丽粗布床单，我们一直用了几十年。后来，她风尘仆仆急匆匆地从上海赶到常州来看我们，又给我们带来了最好的鹅绒被。她的朴实、聪明、热情、干练、坚忍品德和一往无前的精神是常人不可比的。她一生对任何一个人都没有怨恨，把爱心撒给周围每一个人。在她朴实、单纯的世界里没有一个坏人，到处都充满爱，其实这正是她自己内心阳光灿烂的写照。她不仅成为我最好的朋友，也成为我最好的楷模，是我最佩服的人之一。"

2012年，施文芳邀请高丽萍等十几个大学同学带着伴侣去上海参观世博会的场馆，怀着对老同学的深厚情谊，策划、组织并且操办这个事都是她一人做的，细致周到。那时候大家都退休了，她仍精力充沛、神采奕奕，以个人的号召力、组织能力和人格魅力把大家聚在一起。大家对这次聚会非常满意。

2008年，中科大成立五十周年校庆，653年级学友返校团聚，施文芳仍像学生时代那样热心肠地为大家服务，把653年级返校学友合影照发给学友人手一册。同学们仿佛又看到了往昔6534班组织委员热心开朗活跃的影子。2015年，653级入学50周年，施文芳又发起召集同学返回合肥，回母校校园参加周年庆典活动。但同学们却不见她的身影，后来听说她到上海看病去了。

2017年10月29日，启东中学高三（2）班毕业后第二次同学聚会在南通举行。虽然聚会前的很多联络和筹备工作都是施文芳操办的，她却缺席了。她抱歉地对同学们解释说，缺席是因为要陪同丈夫到广州做白内障手术，实际上，是因为她本人病情恶化，她丈夫陪她去做生死攸关的治疗！但施文芳不允许她丈夫对同学们说出实情，避免影响同学们聚会的心情。聚会期间，施文芳还多次通过电话或微信与同学们聊天，通话依旧那样爽快亲切，微信依旧那样诚恳热烈，视频中谈笑风生，若无其事。大家都没有意识到她一直病着，而且病得这么重。她依然在替别人考虑。她对丈夫说，等她的病好了以后再去看同学们。但是这一次，她失约了，再也没能与她亲爱的同学朋友们一起聚会……

·有一种生活叫向死而生

作为正高职称的大学教授，施文芳的退休年龄是六十五岁。但她2010年退休后又被中科大返聘带研究生，继续发挥余热，乐此不疲。直到2015年，七十岁的施文芳才因病彻底地从工作岗位上退下来，恋恋不舍地离开她热爱一生的高分子化学事业。

退休前后，施文芳每年都参加学校组织的健康体检。2014年10月8日，例行体检时发现施文芳左肾有个大小不到2mm的错构瘤，但她自己没有任何不适的感觉。次年1月15日，施文芳想看看这个错构瘤有没有长大，在校医院做了个B超，发现右肾下有阴影。医生建议她尽快去复查。但临近春节她没有去，过春节时她也没有和大家说。瞿欣夫妇及其岳父母是在合肥一起过的新年，施文芳还下厨做了很多的菜。春节过后的三个月内，施文芳到安徽省立医院、南京军区总医院、上海中山医院、长海医院、上海复旦大学附属肿瘤医院和上海瑞金医院多次检查，发现情况不容乐观。5月20日，她在上海复旦大学附属肿瘤医院泌尿外科进行手术，从取下的"肿块"活检和病理分析，确诊为弥漫性大B细胞恶性肿瘤。

从此，施文芳的人生轨迹发生了巨大的转变。她终于停下了在事业上的匆匆脚步，从研究高分子结构转向研究自身病理结构，把主要精力放在与病魔顽强抗争上。她本来身体非常好，从来不感到自己疲劳，永远有用不完的力量，全身心地放在学习和工作上，不知道爱护自己，以致在超负荷的工作中埋下隐患。但生病以后她的心态没有变化，依然乐观自信，积极治疗，对生命充满向往，看不出丝毫悲悲戚戚。在上海活检发现是淋巴癌对一家人的打击挺大的，但是施文芳很坚强。她举例说，李开复2011年发现此癌症，到现在还好好的。在她的开朗自信下，大家抱了很大的希望。

在知道自己是淋巴瘤之后，施文芳治疗特别积极，不单单是简单地配合，她对生的渴求、对生活的热爱表现得很强烈。在家族的微信群里，她经常说"我爱大家""我喜欢跟大家在一起"，对生活的热爱转变成对治疗疾病、战胜疾病的最大的信心。她一直说"我没事，我没事"。她的外甥张缚龙说："我很少见到一个癌症病人是这样的一个心态。"

施文芳患病后拿到化验结果也曾哭过，但她在谁的面前都没哭。在医院，她发给亲人和朋友们的照片都一脸笑容，在医生面前她也笑，在诊室她也笑，见了病友她也笑。其实，她出诊室都靠别人扶着，她根本走不动，但她仍把最美好的一面给别人，别人都看不出她在生病。她不愿意让大家为她的疾病分心，还叮嘱儿子和丈夫该休息就休息，没有特别的情况不要陪着她。

2015年5月，施文芳在上海做了一个很大的探查手术，开了20多厘米的刀口。手术后没几天，她的大学同班同学、曾经的中科大同事蒋祥玉去看她，她跟没事人似的，显得一点都不把这个病放在心里。2017年9月，蒋祥玉夫妇去了一趟合肥，和施文芳夫妇及另外一个同学尤田耙夫妇6个人在一起吃饭，施文芳详细地介绍了她在广州做干细胞治疗方面的情况。尽管干细胞治疗很痛苦，但她讲了三个多小时，整个过程很乐观，很豁达，一点看不出是一个病人。

2015年5—11月，在上海复旦大学附属肿瘤医院进行肿瘤切除手术后，施文芳连续做了八个疗程的化疗；2016年7—10月，病灶复发，又进行五次淋巴瘤二线化疗；2016年11月—2017年5月，在广州中山大学肿瘤防治中心三次进行自体干细胞提取并移植治疗……每一次治疗，都经受着肉体的极大痛苦和精神的极大折磨，但施文芳选择坚强面对，像她奋斗一生的学术生涯一样，抓住一切机会去争取获得最好的结果。

治病期间，施文芳在微信朋友圈里转发了一篇文章——《有一种生活叫向死而生》，给朋友们讲了两个故事：

第一个故事。因缘际会,电视台记者袁君成了兼职的葬礼主持人。两年时间主持了将近百场葬礼,如同在近百人的生命里穿梭。她说,她就像活了一百辈子,体验了百味人生。从死亡的角度看向生命,就会懂得如何更好地活在当下。印象最深刻的一次道别,是一位德高望重的八十五岁高中校长。他知道自己身患四种癌症后,生命已经是沉重的负担。可每一次濒临死亡,他还是会顽强抗争,他希望自己家里还能热闹一段时间。他总是微笑着,幽默着,喜欢分一些人生智慧给那些还在赶路的人,也乐于看到来他家的人微笑着、幽默着跟他告别。袁君将老人的告别仪式选在老校长的家里,让大家微笑着给老校长送行,也让这位老先生带着微笑上路。她说,有一种活法叫向死而生。葬礼是一种道别,而道别并不意味着绝望。

第二个故事。曾任职苹果、微软、谷歌三家上市公司的总裁级人物、创新工场创始人、"梦想导师"李开复确诊患上癌症后,从人生的巅峰坠入病痛的折磨,化疗休养期间他自我追问与忏悔:"除去虚名和成就,你的人生还剩下什么?"李开复反思道:"健康、亲情、爱,才是永恒。牺牲健康去换取所谓的成功和梦想,这简直是天大的笑话!"他还说,以前总鼓励年轻人要去追求什么,现在则不一样了,他认为"年轻人需要放下追逐虚名,关注健康、亲情和爱才更重要"。反思之后,李开复出了本书,叫《向死而生——我修的死亡学分》,自述在遭受病痛折磨后,修到了7个学分:健康无价;一切事物都有它的理由;珍惜缘分、学会感恩和爱;学会如何生活,活在当下;避免名利的诱惑;人人平等,善待每一个人;我们的人生到底是为什么?李开复说,向死而生本身的意思,就是人在世俗里面很容易陷入今天的现实世界里面。而面对死亡,我们反而容易得到顿悟,了解生命的意义,让死亡成为生命旅程中无形的好友,温和提醒我们,好好活我们的生命,不是只度过每一天的日子,也不只是追求一个现实的名利目标。

不知死,焉知生?向死而生,这是多么高级的人生大智慧!

施文芳患的是与李开复一样的淋巴癌。面对病痛的折磨,她也选择了与李开复一样的态度——向死而生！珍惜生命的每一天，不惧死亡，才能活得精彩。

在施文芳生病的日子里，她在微信朋友圈里频发"晚安心语""早安心语"，写下了许多人生感悟，表达自己对生命的渴望，折射出一个热爱生命的强者形象。她的微信里，充满了正能量，满篇都是"阳光""帮助""坚强""勤奋""感恩""精彩"等词，满篇都是关心别人的话语和对生命的感悟：

"放心！我会坚强的。在医院输液，只是生活质量没有了，也是生活呀！上次需要三天，这次六天，时间长了一些。挺过这个难关，光明在后头。实际上我最近身体状况一直很好，人也长胖了十斤，只是没有想到还是复发了。"

"我总是愿意把阳光的一面留给他人，也留给我自己。只要走出病房，离开病床，面对医生，面对病友，面对亲人，我总是那么坦然，笑嘻嘻的，漂漂亮亮的。其实我是阿姨搀扶着我走出病房的，一会儿就会累的。目前为止，我家里人都不知道我移植后又迅速反弹复发，来势凶猛。还好在关键时刻及时发现了。"

"生病整整两年，感悟甚多。我是幸福之人，家人的陪伴与无微不至的呵护，亲人的无私奉献与关爱，朋友的真挚问候与祝福，学生如对待母亲般的厚爱，还有公司老板的鼎力相助……我感动不已而忘却病痛的烦恼，乐观面对现实，微笑梦想未来。我坚信，成功永远属于自强者！"

……

在与病魔抗争的三年里，施文芳的坚强、乐观，战胜疾病的信念，感动了无数人。病痛中，她还无微不至地关心并鼓励病友，给他们生活的勇气；还不忘为学生和同事牵线，创建新的课题项目；还雄心勃勃地计划要再做许多事。在治疗过程中，施文芳的主治专家也被她的精神所折服，从没有听到她一声抱怨，从没有看到她流一滴眼泪，听到的永远是她爽朗的笑声。

她的一位朋友出国后信奉天主教，多次劝她祈求上帝、"万能神"的帮助。但她不为所动，说："无神论的科学思想已扎根我的生命。我觉得命运还是掌握在自己手中，依靠自己的努力。相信了万能神，一切由神安排好，听天由命行吗？我的性格里就是充满着自信，相信依靠自己，努力争取最好的结果。"当时，她已病情复发住院，就在病情恶化的情况下，她仍坚决不信教不信神，字里行间充满着顽强和自信。

在住院治疗期间，施文芳的病房住进了一个二十七岁的新病友，是一名南京大学的研究生，毕业后在江苏盐城做公务员，在结婚前夕查出患胃癌，手术后内部发炎，禁食十天，正等待化疗。天降横祸，他反复追问："为什么会是我得病？"他的母亲泣不成声。病床上的施文芳尽力开导他及他的母亲："成功的人都要经过千锤百炼，有多低的谷，将来同样会有多高的峰在等着你。"此时，她仿佛忘了自己也是一名需要被关心和护理的重病患者，仍一如既往地用爱心关心着每一个需要关心的人，即使是素不相识的陌生人。

·芳华永逝

施文芳一生致力于高分子化学研究，然而人体这个化工厂，比她研究的对象复杂得多，多次化疗加速了她生命的消耗，使这架运行了七十多年的精密"机器"不堪重负。虽然施文芳请的医生在全中国治疗这个病排名前三位，用的是最有效也是最贵的自费进口药，但在如今的医疗科技水平下，要治愈癌症，结论还为时过早。

在成功移植自体干细胞后，施文芳一度感觉良好，精神、体力和食欲都有所恢复。但是，2017年10月，她再次赴广州中山大学肿瘤防治中心复查，却得到一个残酷的结果——淋巴瘤再次复发并扩散至全身！家人听说美国有一种专门治疗淋巴瘤的先进技术，曾设想去美国治疗，但施文芳的身体已经折腾不起了。

经过合肥至广州两次往返住院治疗，病情并未见好转。2018年1月15日，施文芳返回合肥，18日入住安徽医科大学第二附属医院。

她心里明白，这是在国内著名专业医院对病患回天无力的情况下所做的最后的安慰治疗。此时，她最放心不下的，还是丈夫瞿保钧的身体状况。在施文芳重病住院期间，她还一样关心照顾着丈夫的身体，叮嘱他按时服药，从来不让丈夫陪夜。每天到了下午四点，还会打电话给丈夫，让他到公园走路、运动。丈夫的身体时时刻刻挂在她的心上。

她的大学同学、曾任河北省沧州市妇联主任的高丽萍说："直到去世前几个月，施文芳还经常在同学微信群里发一些科技成果介绍、养生知识、保持身心健康的好方法等消息。她的同学们自始至终都不知道她生病了，也不知道她生病多长时间了。"定居在澳大利亚的大学好友孔庆翔是为数不多知道施文芳患病的同学之一，在2018年2月6日他接到施文芳发来的微信："正在渡过一个难关，恢复以后回家过年，请你放心。"生命最后时刻，她仍为别人着想，她不愿好友为她过多担心和焦虑。

2018年2月17日是农历正月初二，施瑞香在中学同学微信群里群聊，有一个同学说好长时间没见施文芳了，施瑞香为闺蜜解释说："她忙得不得了。"话虽这么说，瑞香也觉得好久文芳没跟她联系了，有些不对头，于是给施文芳打电话。手机是通的，但没人接，与她视频，也不接。那天不知道联系了她多少次，都没有消息。瑞香觉得情况不妙，给她发短信，要她赶快回复。晚上十点，文芳的弟弟回复说："小姐姐已经患重病三年，此时病危了。"瑞香当时觉得一道晴天霹雳，无法接受。

施文芳去世前一直都很清醒，但是她体内肿瘤细胞发展得太快，压迫了肝脏和肺脏，肝功能全面坏死，毒素冲进头部导致昏迷，最后没有办法挽救了。从1月18日住院到2月18日去世，施文芳体内的癌细胞最后是几何级数发展的。在那无比黑暗的一个月里，医生对瞿欣说："你妈妈能不能过年三十都成问题。"但是施文芳却一直非常顽强，去世前的两三天还在给瞿欣分析自己的病情，说有好的一面也有坏的一面，好的一面是自己的各项指标还可以。她对自己的各项指标都非常熟悉，比如转氨酶，各类细胞指标，等等。去世前几天,她还在问一张化验单,要看这张化验单,寻找恢复健康的希望。其实这张单子之前医生给瞿欣和他爸爸看了,说是情况很差,问要不要给病人看。给她看就是让她做好心理准备,不给她看就是让她心里好受一些。瞿欣认为按照妈妈的性格,她看了肯定接受不了。瞿欣真的是不忍心看着妈妈这样很要强的人看到希望破灭,于是回家用电脑软件改了结果,打印出来给妈妈看,她将信将疑。

施文芳临终前一个星期,瞿欣和妻子高宇整夜看护着妈妈。瞿欣清楚地记得,妈妈去世前一星期的一个晚上,她坐在病床的边上看手机,他坐在旁边看着妈妈,偶尔也玩玩手机。他感觉什么事情都没有发生似的,所有的一切都又回到了原来的状态。他希望这一个夜晚变得漫长,永远不要有天明,时间就永远定格在这一刻,不要有任何改变,妈妈不要生病,自己不要老去,女儿永远是十四岁。

在生命的最后几天,她在极度昏迷的情况下还用老家的方言喊着"不要死,不要死"。除夕夜,瞿欣一家子包括很多亲属心里纠结成一团,含着眼泪,在她的病床前,把她扶起来,她很少地吃了一点东西,眼神很无力。他们拍了除夕夜全家四口在一起的最后一张照片,让她又躺了下来。在她生命的最后,她很少吃东西,但是她坚持"我一定要吃东西,吃东西",一直在说。

最后一个晚上,瞿欣一直陪在妈妈身边。2018年2月17日(大年初二),施文芳病情很严重了,家族很多人到医院看望她,到了晚上十点才各自离开,留下瞿欣夫妻和三个表姐陪伴在病床边。那一晚,施文芳一直在流眼泪,医生说她已经没有意识了,是眼角在流着分泌物。瞿欣不觉得是这样,仍然认为她是有意识的,一直在帮她擦眼泪。瞿欣想:她是对我的不舍吧?2月18日凌晨六点,施文芳的血压由120mmHg降到100mmHg及以下,接着心脏突然就停止了跳动。

一世芳华,永辞人间。

一个永远不肯停留脚步的人,一个一辈子热爱祖国、热爱生活、热爱真理、热爱事业的追梦人,一个永远急匆匆、笑呵呵地奔跑在人生道路上的勇士,终于走到了终点,停下了脚步。

这个美好的世界,她来过,她爱过,她拥有过。

8 缅怀篇
爱不会离开，我们永远在一起

做人有多大气，就会有多成功。因为胸怀，才是成功者的标志。心情再差，也不要写在脸上，因为没有人喜欢看你的脸；日子再穷，也不要挂在嘴边，因为没有人无故给你钱；工作再累，也不要抱怨，因为没有人无条件替你干；生命再短，也不要随意作践，因为没有人为你的健康买单；生活再苦，也不要失去信念，因为美好将在明天；前行再难，也不要踟躇不前，因为自己的选择跪着也要走完；有目标的人在奔跑，没目标的人在流浪，因为不知道要去哪里！有目标的人在感恩，没目标的人在抱怨，因为觉得全世界都欠他的！有目标的人睡不着，没目标的人睡不醒，因为不知道起来去干吗！生命只有走出来的精彩，没有等待出来的辉煌！

——施文芳·早安心语

·最后的告别

2018年2月22日,正月初七,安徽合肥。阴云密布,寒风凛冽。在合肥市殡仪馆一号厅内,低沉悲恸的哀乐声中,两百多名白发苍苍的老教授、学识丰富的中年才俊和朝气蓬勃的年轻学子,臂带黑纱,手持白花,聚集在这里默哀,心情沉痛地送别他们爱戴的师友——中国科学技术大学外事办公室和港澳台办公室前主任、化学与材料科学学院前应用化学系主任和前高分子科学与工程系主任施文芳教授。参加追悼会的有她的中学和大学同学、中科大教职工、共同工作过的同事好友、国内的同行、指导过的博士和硕士研究生及家属亲朋好友……

一号厅正中央,在鲜花的簇拥中,一面鲜红的中国共产党党旗覆盖在施文芳遗体上。她面容安详,好像是结束了一天的劳累刚刚躺下。安静肃穆的大厅四周,270多个花圈、花篮叠放着,一直延伸到大厅外的走廊上。追悼会上,55个单位和国内外友人发来吊唁函和唁电,其中来自美国的4份,巴基斯坦1份,日本4份,澳大利亚2份,国内大学8份。参加追悼会的几个老同事感慨说,这么高规格、大规模的追悼会,在中科大搬到合肥后还真没见过。

向施文芳教授敬献花圈和花篮,发来唁函和唁电,到医院看望和慰问家属的单位领导、国际国内同行和生前好友,是一份漫长的名单:

中国科学技术大学前校长、党委书记、前中共中央委员汤洪高教授,中国化学会副理事长、国家自然科学基金委化学部主任、清华大学张希院士,北京大学前校长周其凤院士,复旦大学江明院士,上海交通大学颜德岳院士,香港科技大学唐本忠院士,中国科技大学化学与材料学院院长、大连化物所李灿院士,长春应化所所长、吉林省副省长安立佳院士,北京化工大学杨万泰院士,美国加州大学河滨分校殷亚东教授,国际友人早稻田大学鹫尾方一教授,日本原子力学会会士、日本放射线化学会会长 Katsumura 教授,巴基斯坦信息技术学院 Anila Asif 教授,老领导、老同事和老朋友、原副校长金大胜教授和季孝达夫妇,清华大学化学系洪啸吟教授和冯汉保夫妇,北京大学化学系黄兰教授,国家自然科学基金委董建华研究员，国家自然科学基金委马劲研究员，中国科学技术大学潘才元教授和俞银娣夫妇，中科院感光化学研究所杨永源教授和何慧珠夫妇，江苏省启东中学65届全体同学，江苏省启东中学原校长的后辈，中国科学技术大学校长包信和，副校长陈初升，校党委组织部部长何淳宽，校人事部部长褚家如，校国际合作部部长侯中怀，化学与材料科学学院执行院长杨金龙和院系其他相关领导……

还有中国化学会高分子学科委员会、中国感光学会、中国感光学会辐射固化专委会、亚洲辐射固化协会、北美辐射固化协会、日本辐射技术协会、高分子物理与化学国家重点实验室、超分子结构与材料国家重点实验室、火灾科学国家重点实验室、聚合物复合材料及功能材料教育部重点实验室、复旦大学教育部先进涂料工程研究中心、长春应用化学研究所和中科院化学研究所、北京大学高分子科学与工程系、清华大学化学系、复旦大学高分子科学系、上海交通大学化学化工学院、浙江大学高分子科学与工程系、南京大学化学化工学院高分子科学与工程系、中山大学高分子材料系、南开大学高分子化学研究所、吉林大学化学学院、四川大学高分子学院、华中科技大学化学与化工学院、北京师范大学化学学院、江南大学化学与材料工程学院、合肥工业大学化学化工学院，以及中国科学技术大学党委组织部、人事部、老干部处、化学与材料科学学院及下属四个系与化学实验中心、中科院软物质科学重点实验室、中国科学技术大学国际合作部、专家楼、辐射化学教研室，近三十家企业和兄弟院校的多个研究组。

桃李不言，下自成蹊。这些机构和个人的署名，聚集起来就可以大致勾勒出施文芳一生的璀璨人生轨迹，以及社会各界对她人生成就的崇高评价和认可。

施文芳教授，一路走好！

·唁函唁电选

我于1990年5月入职中科大。在这近三十年间，我亲见了施文芳教授的自强不息、孜孜不倦地不断进取，她在多方面均有建树……

施文芳教授的辞世，使我们失去了一个诚挚而又有建树的好校友，也是我们中科大和我国相关学术界的重大损失。我们将永远怀念她，怀念她的崇高品德和为事业不懈奋斗的精神！（中国科学技术大学前校长、党委书记，第十届全国人大常委，中共第十五届中央委员　汤洪高教授）

　　1983年施老师把我们78级学生送出校门后，自己也开始了人生的新征程。施老师说过，同学们本科毕业了，读研究生出国深造了，她也不能落后，要和学生们一起奋斗，共同成长。1994年底施老师在年近五旬的时候获得瑞典皇家理工学院博士学位，两年之后顺利晋升科大教授。与施老师同批晋升教授的就有一名我们78级近代化学系的同学，师生同时金榜题名，留下了一段佳话。施老师兑现了与学生一起成长的诺言，也完成了从本科生班主任到教授的华丽转身，成为高分子化学和辐射固化领域的著名学者和专家。施老师从瑞典获得博士学位回中科大工作之后不久，就出任校外事办公室主任。她充分利用在国外学习工作经历的优势，发挥自己早在学生时期就展露出来的组织和管理天赋，大力推进学校的国际合作与交流工作，在建立国际合作关系和留学生工作等方面做出了开创性的贡献。值得一提的是，现在坐落在学校东区的外国专家楼就是施老师在担任外办主任期间主持建设的。几年之后，施老师先后出任应用化学系、高分子科学与工程系主任，她以宽广的胸怀和极大的热情，大力引进和培养人才，特别是通过科学院"百人计划"主持引进了多名青年学者，为相关学科后来的快速发展提供了宝贵的人才支撑，做出了重大的贡献。（施文芳的学生、中国科学技术大学副校长、化学与材料科学学院教授　陈初升）

　　施教授长期从事紫外光固化和辐射化学的教学与科研工作，牵头组建了"中国辐射固化协会"，是国际上创建第一条紫外光交联电线电缆生产线的主要参与者，为我国高分子化学及紫外光固化学科建设和发展做出了重要贡献。施教授一生辛勤耕耘、乐观豁达、诲人不倦、育人有成，培养了一大批优秀的高分子化学和辐射化学人才。她热心关爱高分子学界的后辈青年才俊，为兄弟院校的人才培养和顺利成长做出了重要贡献。她的逝世是我国高分子化学和辐射固化界的一大损失。施教授多年来十分关心和支持清华大学化学系的发展，为我们高分子学科的建设和人才培养提供了重要帮助。施教授的崇高品德和精神风貌令我们永远缅怀。（清华大学化学系）

施文芳教授一生致力于我国教育和科学事业，潜心钻研，辛勤耕耘，诲人不倦，育人有成。她为我国高分子化学及紫外光固化学科建设和发展做出了重要贡献。施文芳教授热爱党，忠诚党的教育事业，始终保持一丝不苟、精益求精、积极向上、乐观豁达、爱岗敬业的工作作风和正直谦虚、胸怀坦荡、淡泊名利、平等待人、提携后辈、甘为人梯的高尚品德。她永远是我们学习的榜样，永远激励我们前行。（南开大学高分子化学研究所，功能高分子材料教育部重点实验室）

施文芳教授长期从事紫外光固化和辐射化学的教学与科研，培养出了一大批优秀的化学人才。施文芳教授一生热爱祖国、忠诚于党的教育事业，崇尚科学、追求真理、与人为善、淡泊名利，将全部心血奉献给了化学教育与研究事业。她的离去是我国教育事业的重大损失，她的学术成就将成为留给我们的宝贵精神财富。（上海交通大学化学化工学院）

施文芳教授长期从事紫外光固化和辐射化学的教学和研究，为我国高分子化学及紫外光固化学科建设和发展做出了重要贡献。她潜心钻研，精益求精，诲人不倦，真诚无私地提携后学，桃李满园，培养了大批优秀人才。她的逝世是我国高分子化学和辐射固化界的一大损失。（浙江大学高分子科学与工程学系）

施文芳教授长期从事紫外光固化和辐射化学的教学与科研工作，是国际上创建第一条紫外光交联电线电缆生产线的主要参与者，为我国高分子化学及紫外光固化学科建设和发展做出了重要贡献。施文芳教授热爱党，忠诚党的教育事业，始终保持一丝不苟、精益求精、积极向上、乐观豁达的工作作风。施文芳教授在担任应用化学系和高分子科学与工程系主任期间，大力引进人才，促进了相关学科的发展。她桃李满园，培养了一批出类拔萃的科学家和活跃在科研和工业领域的优秀人才。（长春应用化学研究所）

施老师退休前长期担任国家自然科学基金委工程与材料科学部有机高分子材料学科评审组专家，为基金工作和高分子领域的人才培养做出了重要贡献。在此，我代表国家自然科学基金委有机高分子材料学科对施文芳老师的逝世表示沉痛的哀悼！（国家自然科学基金委 马劲研究员）

在施老师担任中科大高分子系主任期间，引进人才、调整政策，中科大高分子获得快速发展，在全国高分子学术活动中，发挥了很大的积极作用，是杰出的科学家和学术、教育管理者。（国家自然科学基金委 董建华研究员）

施教授是我国高分子学术界著名学者，在光固化和辐射化学方面成就卓著。施教授热爱教育和科学事业，她乐观豁达，爱岗敬业，诲人不倦，桃李芬芳。（中山大学 陈永明教授）

惊闻施文芳老师不幸逝世，我代表南京大学高分子科学与工程系对施老师的逝世表示深切哀悼。施老师的逝世是我国高分子材料领域的重大损失，也是中科大高分子系的重大损失。（南京大学 蒋锡群教授）

施老师学识渊博，宽厚待人，永远是我们的学习榜样！（合肥工业大学 史铁钧教授）

我负责火灾实验室日常工作十一年期间,她给了太多的支持和指导。她也是我们在东区时的好邻居!(中科大火灾科学国家重点实验室　廖光煊教授)

你是一个永远不肯停留脚步的人,是急匆匆、笑呵呵地奔跑在人生道路上的勇士、女中豪杰。你已经做得很多很多,很好很好。你一生对任何一个人都没有怨恨,把爱心撒给你周围每一个人。在你朴实、单纯的世界里没有一个坏人,到处都充满爱,其实这正是你自己内心阳光灿烂的写照。(中科大好友　孔庆翔、刘济夫)

一生勤奋事业有成,师生爱戴同学楷模。(中科大同学　蒋祥玉)

学术精湛事业辉煌,热心为人终生钦佩。(中科大校友　于志)

农家贫女成英才。一生拼搏,尽忠为国。科大之骄当无愧。功名已成,魂归天堂。花落飘零水自流。同窗永怀,师长常忆。生者珍重共勉之。福寿人间,憧憬永远。[启东中学65届高三(2)班班主任　郁秀贵]

施文芳同学当年是我们启东中学的学生楷模,是我们65届高三(2)班同学的好学友。施文芳同志一生为科学事业,为培养人才奋斗不息,堪称后人典范。我们要以施文芳同志为榜样,教育我们的年轻人。[江苏省启东中学65届高三(2)班全体同学]

施文芳作为最高学府的才女,不忘同窗之谊,风雨动荡五十多年中,多次联系我,开导我,给了我生存希望,生活勇气。我是一个无德无能的乡下老人,但她是我终身的良师益友,我永远铭记!对她不幸先我一步驾鹤西去,我深感悲痛,无以图报,特敬献一副挽联:
文章镌刻南山之上,名垂千古;

芳华留驻东疆大地,魂系家乡。

(启东中学同学 陈建中)

作为同窗三年或六年甚至十二年的老同学,对于施文芳突然不幸离开我们,可以说,我们心情之悲伤都到了无以复加的地步!究其原因,大约有三个方面。第一,她的优秀:除学习努力,成绩出众之外,更多体现在工作上,作为学生干部在班上以身作则,带头垂范,对同学的真诚友善,既有政治热情,又有朋友间的温馨,这在当时的环境里,实属难能可贵。第二,她的能干:学术上,她在中科大这所首屈一指的大学中,身兼教授、博导、访问学者,饮誉西欧,在有机化学国家级学术圈子里是领军人物,这些头衔,谁可比肩?外交上,领导中科大的外事部门,内引外联,贡献卓著!这些事迹记在我们启东县史志上,更铭刻在我们老同学心中,她是难得的宝贵人才!第三,她的人品:可以概括为两个字——高尚!而正是这一点,更让大家把她看作自己的良师益友。时时刻刻打动着我们,震撼我们的精神世界。当年在启中六年间,面对艰苦生活和极左思潮,班上不少同学升学无望,她对我们关爱有加,这一幕幕感人场景至今催人泪下!前年聚会,要不是她倾情力推,哪来硕果累累!直至今天,大家仍心存感激。(启东中学同学陈建中 转自高中老同学群陈亚英群主)

之前我们相逢在美丽的大洋洲,您的音容笑貌仍历历在目。您不仅优雅美丽、学识渊博、风趣幽默,还平易近人、助人为乐、提携晚辈,我们为能有幸认识您而深感荣幸。曾想来日方长,以后有更多的机会聆听您的谆谆教诲教诲,得到您更多的指点,不承想命运会如此安排。我们猜想您是否累了,歇息在那静静的港湾;是否困了,流连在那幽静的森林;是否倦了,沉睡在那无虑的天堂……也许都不是,您只是去那知识的海洋,去探索那未知的世界!(海外著名中国学者、好友 戴黎明、朱琳)

施老师一生坚强乐观,花落香犹在,愿天堂一切静好!(中科大 学生同事 汪谟贞)

文馨德扬,芳华硕果,奈何仙去;慈言温语,身躬力行,宛若昨天。(中科大 学生同事 何卫东)

附录 A
施文芳家庭要事年表

1945 年 11 月 7 日（农历十月初三），出生于江苏省启东县久隆乡新邦村（现启东市王鲍镇庙桥村）一个农民家庭。
1953 年 9 月，于久隆乡天星小学读书，任班长。
1957 年 9 月，于庆民小学（决心乡中心小学）读书，任班长。
1959 年 9 月—1965 年 7 月，于江苏省启东中学读书，初中任团支部书记，高中时担任校团委副书记。
1965 年 9 月，于中国科学技术大学（北京）近代化学系放射与辐射化学专业 6534 班学习，任班团支部组织委员；同班同学瞿保钧来自江苏省常熟中学，任班团支部书记。
1965 年 12 月，与瞿保钧同时加入中国共产党。
1966 年 4 月，于山西大同部队当兵。不到两个月，因"文革"开始，被调回学校。"文革"初期主动担当学校"红卫兵接待站"站长职责。
1970 年 7 月，大学毕业时与未婚夫瞿保钧同时分配到河北省邯郸市五七钢厂工作，先后任炼钢车间二工段副排长、厂化验室检验员、厂军事化管理连长。
1971 年 11 月，与瞿保钧在河北省邯郸市结婚。
1972 年 9 月 28 日，儿子瞿伏虎（瞿欣）出生。
1973—1974 年，与丈夫瞿保钧一起调回中国科学技术大学（合肥）教师进修班，作为后备师资"回炉"学习。
1973—2015 年，于中国科学技术大学任教。
1975 年 1 月，任中国科学技术大学数学系助教。
1976 年 1 月，任中国科学技术大学应用化学系助教。
1983 年 7 月，任中国科学技术大学应用化学系讲师。
1984 年 8 月—1987 年 7 月，丈夫瞿保钧作为访问学者兼研究生赴瑞典皇家工学院进修，1987 年 7 月获得瑞典皇家工学院工学副博士学位。
1985 年 8 月，赴瑞典皇家工学院作为访问学者进修。
1987 年 7 月，与丈夫瞿保钧一起归国，回到中国科学技术大学组建紫外光固化研究组。
1987—1990 年，儿子欣在合肥八中读高中。
1988—1991 年，作为中国唯一光固化技术领域的代表，参加日本第二届辐射固化国际学术会议暨展览会；后又与丈夫瞿保钧一起参加了日本第三届辐射固化国际学术会议。

1988—1992年，任中国科学技术大学应用化学系辐射化学教研室主任。
1989年8月，丈夫瞿保钧晋升为中国科学技术大学结构研究中心实验室副教授。
1990年2月，父亲施宗乔去世。
1990年7月，儿子瞿欣高中毕业，考上了中国科学技术大学高分子系，攻读高分子材料学科。
1990年8月，晋升为中国科学技术大学应用化学系副教授。
1991年11月—1993年底，丈夫瞿保钧再赴瑞典皇家工学院攻读博士学位，1992年11月获得瑞典皇家工学院理学博士学位，1993年先后在瑞典皇家工学院、加拿大皇后大学、美国底特律大学做博士后研究工作。
1992年9月，再赴瑞典皇家工学院攻读博士学位。
1993年5月，中国同位素与辐射行业协会辐射固化分会在北京清华大学诞生，施文芳作为创始人之一，邀请了瑞典皇家工学院导师本·朗比教授一起从瑞典回国参加了这次成立大会，当选为首任秘书长。之后二十多年里连续任该行业协会各重要职务，还兼任过安徽省塑料协会副会长等职。
1993年和1994年，出席在意大利（与丈夫瞿保钧一起）和美国召开的国际辐射固化会议。
1994年7月，儿子瞿欣中科大毕业获学士学位，8月赴瑞典留学，后在瑞典皇家工学院攻读博士学位。
1994年11月，获得瑞典皇家工学院理学博士学位。
1995—1998年，任中国科学技术大学外事办公室和港澳台办公室主任。
1995年6月，丈夫瞿保钧晋升为中国科学技术大学教授、博士生导师。
1996年12月，晋升为中国科学技术大学教授、博士生导师。
1997年9月，任中国同位素与辐射行业协会辐射固化分会第二届理事会副会长。
1998年3—4月，与丈夫瞿保钧一起作为访问学者赴澳大利亚联邦科学与工业研究院进行合作研究。
1999年1月，任中国科学技术大学化学与材料科学学院应用化学系主任。
1999年8月，儿子瞿欣先赴美国哥伦比亚大学做博士后研究工作，而后于1999年11月在瑞典皇家工学院进行博士论文答辩后获得理学博士学位，施文芳从国内专程去瑞典参加儿子的博士论文答辩会。
2000年5月，中国同位素与辐射行业协会辐射固化分会改名为中国感光学会辐射固化专业委员会，为中国感光学会的二级社团组织，出任第三届中国感光协会辐射固化专业委员会副主任。
2001年8月，任中国科学技术大学化学与材料科学学院高分子科学与工程系主任，校学术委员会委员。
2001年9—10月，与丈夫瞿保钧一起作为访问学者赴芬兰奥博大学高分子系进行合作研究。
2004年6月，孙女瞿杰米在美国纽约市出生。
2006年3月，儿子瞿欣回到国内工作，之后任国际特品（美国）公司上海研发中心经理、亚什兰（美国）公司全球创新研发中心总监。
2006年4月，任第四届中国感光协会辐射固化专业委员会主任暨《辐射固化通讯》主编。

2007 年 6 月，与丈夫瞿保钧一起晋升为中国科学技术大学二级教授。

2008 年 5 月，北美辐射固化国际会议在美国芝加哥召开，作为中国辐射固化协会会长首次组织国内 12 家企业参加产品展览会，50 多名代表出席会议，14 个口头报告，在国际辐射固化学术界和企业界产生极大影响。

2008 年 12 月，丈夫瞿保钧在中国科学技术大学退休，后返聘为中科大高分子系教授。

2010 年 5 月，任第五届中国感光协会辐射固化专业委员会主任暨《辐射固化通讯》主编、亚洲辐射固化协会副主席、主席。

2010 年 12 月，在中国科学技术大学退休，后返聘为高分子系教授。

2013 年 1 月，96 岁高龄的母亲张志兰去世。

2014 年 5 月，任中国感光协会辐射固化专业委员荣誉主任。

2015 年 12 月，最后一名博士研究生获得博士学位，因病彻底从工作岗位上退下来。

2017 年 10 月，完成整理编印父亲母亲的纪念文集《施宗乔先生、张志兰女士诞辰百年纪念册》。

2018 年 2 月 18 日（农历正月初三）上午六点，因病在安徽合肥去世，享年 73 岁。

附录 B
代表性科研论文、专著等成果

【1】 Rånby B, Shi W F, Qu B J. Photodegradation and Photostabilization of Photocrosslinked Unsaturated Polyesters[J]. Polym. Mater. Sci. Eng., 1988, 58:354.

【2】 QU B J, Xu Y H, Shi W F, Rånby B. Mechanism of Photoinitiated Crosslinking of Low-Density Polyethylene. 6. Spin-Trapping ESR Studies on Radical Intermediates[J]. Macromolecules, 1992, 25:5215.

【3】 QU B J, Xu Y H, Shi W F, Rånby B. Mechanism of Photoinitiated Crosslinking of Low Density Polyethylene. 7. Initial Radicals Reactions with Model Compounds Studied by Spin–Trapping ESR Spectroscopy[J]. Macromolecules, 1992, 25:5220.

【4】 Shi W F, Jiang Y, and Liu H W. Applications of Rosin-modified Epoxidized Soya Bean Oil Acrylate in UV Cure Coatings[J]. J. Photopolym. Sci. & Tech, 1992, 5(3):453.

【5】 Shi W F and Rånby B. Photostabilization of Photocrosslinked Unsaturated Polyester[J]. Polym. Degrad. Stabil., 1994, 44(2):184.

【6】 Shi W F and Rånby B. UV Curing of Composites Based on Modified Unsaturated Polyester[J]. J. Appl. Polym. Sci., 1994, 51:1129.

【7】 Qu B J, Shi W F, Liang R Y, Jin S Z, Xu Y H, Wang Z H, and Rånby B. Photocrosslinking of Polyethylene for the Production of Thin Wall Insulated Wire[J]. Polym. Eng. Sci., 1995, 35(12):1005.

【8】 Shi W F and Rånby B. A New Type of Radiation Curable Polymer[J]. J. Photopolym. Sci. & Tech., 1996, 9(1):173.

【9】 Shi W F and Rånby B. Photopolymerization of Dendritic Methacrylated Polyesters. 3. FRP Composites[J]. J. Appl. Polym. Sci., 1996, 59(12):1951.

【10】 Shi W F and Rånby B. Photopolymerization of Dendritic Methacrylated Polyesters. 2. Characteristics and Kinetics[J]. J. Appl. Polym. Sci., 1996, 59(12):1945.

【11】 Shi W F and Rånby B. Photopolymerization of Dendritic Methacrylated Polyesters. 1. Synthesis and properties[J]. J. Appl. Polym. Sci., 1996, 59(12):1937.

【12】 Wei H Y, Kou H G, Shi W F, Yuan, H Y and Chen, Y L. Photopolymerization Kinetics of Dendritic Poly(ether-amide)s[J]. Polymer, 2001, 42(16):6741-6746.

【13】 De L and Shi W F. Photopolymerization of Hyperbranched Aliphatic Acrylated Poly(amide-ester). I. Synthesis and Properties[J]. J. Appl. Polym. Sci., 2001, 82:1630-1636.

【14】 Wei H Y, Shi W F, Shen X F, Nie K M. Thermal Properties and Crystallization

Behavior of Dendritic Poly(ether-amide)s[J]. Polym. Commun, 2002, 43:1969-1972.

【15】Zhu S W and Shi W F. Flame Retardant Mechanism of Hyperbranched Polyurethane Acrylates for UV Curable Flame Retardant Coatings[J]. Polym. Degrad. Stabil., 2002, 75(3):543-547.

【16】Zhu S W, Kang L and Shi W F. Synthesis and Photopolymerization of Hyperbranched Polyurethane Acrylates Applied to UV Curable Flame Retardant Coatings[J]. Polym. Int., 2002, 51:223-227.

【17】Xu J W and Shi W F. Progress in Radiation Curing Marketing and Technology[J]. J. Coat. Technol., 2002, 67-72.

【18】Kou H G, Anila Asif and Shi W F. Photopolymerizable Acrylated Hyperbranched Polyisophthalesters used for Photorefractive Materialss. I. Synthesis and chareaterization[J]. Eur. Polym. J., 2002, 38:1931-1936.

【19】Liu H W, Shi W F. Glass-Transition Temperature as A Function of Conversion in Hyperbranched Polymers Obtained by Self-condensing Vinyl Polymerization[J]. Macromol. Theory Simul., 2002, 11(5):459-461.

【20】Liu H W, Shi W F. Metal Catalyzed Free Radical Copolymerization of Allyl Chloroacetate and N-propyl Maleimide: A Mass Spectrometry Study[J]. Polym. Bull., 2002, 49(1):55-61.

【21】Shi W F. Status and Progress of Radiation Curing in Asia[J]. Eur. Coat. J., 2002, 4(2):33-40.

【22】Anila Asif, Shi W F, Synthesis and Properties of Waterborne UV Curable Hyperbranched Aliphatic Polyester[J]. Eur. Polym. J., 2003, 39:933-938.

【23】Kou H G, Shi W F, Tang L and Ming H. Recording Performance of Holographic Diffraction Gratingsin The Dry Films Containing Hyperbranched Polyisophthalesters as Polymeric Binders[J]. Appl Opt., 2003, 42(19):3944-3949.

【24】Kou H G, Shi W F, Lu Y H and Ming H. Synthesis and Characterization of Hyperbranched Aromatic Polyesters Used for Polymeric Graded index Materials[J]. Polym. Int., 2003, 52:1088-1094.

【25】Xu G, Shi W F, Shen S J. Curing Kinetics of Epoxy Resins With Hyperbranched Polyesters as Toughening Agents[J]. J. Polym. Sci. Part B: Polym Phys., 2004, 42:2649-2656.

【26】Liang H B, Shi W F. Thermal Behavior and Degradation Mechanism of Phosphate Di/Triacrylate Used for UV Curable Flame-retardant Coatings[J]. Polym. Degrad. Stabil., 2004, 84(3):525-532.

【27】Zou J H, Zhao Y B, Shi W F. Preparation and Properties of Proton Conducting Organic-Inorganic Hybrid Membrane Based on Hyperbranched Aliphatic Polyester and Phosphoric Acid[J]. J. Membr. Sci., 2004, 245:35-40.

【28】Deng J, Shi W F. Synthesis and Effect of Hyperbranched (3-Hydroxyphenyl) Phosphate as A Curing Agent on the Thermal and Combustion Behaviours of Novolac Epoxy Resin[J]. J.Eur.Polym., 2004, 40(6):1137-1143.

【29】Xu N, Shi W F. Preparation and Enhanced Properties of PP/Silica-grafted-hyperbranched Polyester Nanocomposite[J]. Polym. Adv. Technol., 2004, 15(11):654-661.

【30】Anila Asif, Shi W F. Physical and Thermal Properties of UV Curable Waterborne Polyurethane Dispersions Incorporating Hyperbranched Aliphatic Polyester of Varying Generation Number[J]. Polymer, 2005, 46(24):11066-11078.

【31】Xu G, Shi W F. Properties and Morphologies of UV Cured Epoxy Acrylate Blend Films Containing Hyperbranched Polyurethane Acrylate/Hyperbranched Polyester[J]. J. Polym. Sci.,Part B: Polym Phys, 2005, 43:3159-3170.

【32】Liang H B, Shi W F. Photopolymerization and Thermal Behaviors of Phosphate Di/Triacrylate Used as Reactive-type Flame Retardant Monomers in UV Curable Resins[J]. J. Appl. Polym. Sci., 2005, 97(1):185-194.

【33】Zou J H, Shi W F, Hong X Y. Characterization and Properties of a Novel Organic-inorganic Hybrid Based on Hyperbranched Aliphatic Polyester Prepared via Sol-gel Process[J]. Composites, Part A, 2005, 36(5):631-637.

【34】Zou J H, Ye X D, Jun B, Shi W F. Encapsulation and Controlled Release of a Hydrophobic Drug Using a Novel Micelle-forming Hyperbranched Polyester[J]. Macromol. Biosci., 2005, 5:662.

【35】Zou J H, Ye X D, Shi W F. Crosslinkable Vesicles Self-assembled by Amphiphilic Hyberbranched Polyester[J]. Macromol. Rapid Commun., 2005, 26:1741-1745.

【36】Ding J and Shi W F. Photopolymerization And Properties of UV Curable Flame Retardant Resins with Hexaacrylated Cyclophosphazene Compared with its Cured Powder[J]. J. Appl. Polym. Sci., 2005, 97(5):1776-1782.

【37】Xu N, Shi W F. Unsaturated Hyperbranched Polyester as A Surface Modifier of $CaCO_3$ and Enhanced Effect on Mechanical Properties of HDPE/ $CaCO_3$ Composites[J]. Polym. Adv. Technol.,2005, 16(5):378-386.

【38】Wang Q F, Shi W F. Growth and Use of UV/EB Curing Technology in China[J]. JCT Coatings Tech., 2005, 2(21):48-54.

【39】Yin S C, Xu H Y, Fang M, Shi W F, Gao Y C, Song Y L. Synthesis and Optical Properties of Poly(2-[N-methyl-N-4-[(4-ethynylphenyl)azo] phenyl] amino]ethyl butyrate) [J]. Macromol. Chem. Phys., 2005, 206:1549-1557.

【40】Zhao Y B, Zou J H, Chen T T, Shi W F. A Gamma-ray Irradiation Route to Fabricate Monodisperse Zinc Sulfide Hollow Spheres Using Silica as Templates[J].

Mater. Chem. Phys., 2005, 94:292-297.

【41】Zhao Y B, Zou J H, Shi W F. Synthesis and Characterization of Pbs/Modified Hyperbranched Polyester Nanocomposite Hollow Spheres at Room Temperature[J]. Mater. Lett., 2005, 59(6):686-689.

【42】Zhao Y B, Shi W F. Fabrication and Characterization of Monodisperse Zinc Sulfide Hollow Spheres by Gamma-ray Irradiation Using PSMA Spheres as Templates[J]. J.Crystal Growth, 2005, 275(3-4):521-527.

【43】Zou J H, Shi W F. Encapsulation Mechanism of Molecular Nanocarriers Based on Unimolecular Micelle Forming Dendritic Core-shell Structural Polymers[J]. J. Chemical Physics B, 2006, 110(6):2638-2642.

【44】Xu J W, Shi W F. Synthesis and Crystallization Kinetics of Silsesquioxane-based Hybrid Star Poly(3-caprolactone) [J]. Polymer, 2006, 47(14):5161-5173.

【45】Xu J W, Shi W F, Pang W M. Synthesis and Shape Memory Effects of Si–O–Si Cross-linked Hybrid Polyurethanes[J]. Polymer, 2006, 47(1):457-465.

【46】Xu J W, Pang W M, Shi W F. Synthesis of UV-curable Organic–inorganic Hybrid Urethane Acrylates and Properties of Cured Films[J]. Thin Solid Films, 2006, 514:69-75.

【47】Xu N, Shi W F. Effects of Modified Hyperbranched Polyester as A Curing Agent on the Morphology and Properties of Dynamically Cured Polypropylene/Polyurethane Blends[J]. J. Mater. Sci., 2006, 41:3707-3713.

【48】Wang Q F, Shi W F. Photopolymerization and Thermal Behaviors of Acrylated Benzenephosphonates/Epoxy Acrylate as Flame Retardant Resins[J]. Eur. Polym. J., 2006, 42(10):2261-2269.

【49】Huang Z G, Shi W F. Synthesis and Properties of Poly(Bisphenol a Acryloxyethyl Phosphate) as a UV Curable Flame Retardant Oligomer[J]. Eur. Polym. J., 2006, 42(7):1506-1515.

【50】Yin S C, Xu H Y, Shi W F, Gao Y C, Song Y L, Tang B Z. The Enhancement Effect of Hydrogen Bond on The Third-order Nonlinear Optical Properties[J]. Dyes Pigm., 2006, 71:138-144.

【51】Yao L, Deng J, Qu B J and Shi W F. Cure Kinetics of DGEBA with Hyperbranched Poly(3-hydroxyphenyl) Phosphate as Curing Agent Studied by Non-isothermal DSC[J]. Chem. Res. Chinese U., 2006, 22(1):118-122.

【52】Wang H L, Wang Q F, Huang Z G, Shi W F. Synthesis and Thermal Degradation Behaviors of Hyperbranched Polyphosphate[J]. Polym. Degrad. Stabil., 2007, 92(10):1788-1794.

【53】Xie J D, Zhang W Q, Shi W F, Deng X X, Cao Z Q, Shen Q S. Synthesis and Second-order Nonlinear Optical Properties of New Hyperbranched Polymers

Containing Azobenzene Chromophores[J]. Polymer, 2007, 48(20):5988-5993.

【54】Liu J H, Ren C, Shi W F. A Novel Route to Synthesize Hyperbranched Polyamine[J]. J. Polymer Science, Part A, 2007, 45:699–708.

【55】Zhang W Q, Xie J D, Shi W F. Synthesis and Characterization of Dendrons and Dendrimers Skeleton-constructed with Azobenzene Moiety[J]. Eur. Polym. J., 2007, 43:2387–2400.

【56】Zhang W Q, Xie J D, Zhu Yang, Shi W F. Aggregation Behaviors and Photoresponsive Properties of Azobenzene Constructed Phosphate Dendrimers[J]. Polymer, 2007, 48(15):4466-4481.

【57】Cheng X E, Shi W F. Synthesis and Properties of Semi-crystalline Hyperbranched Poly(ester-amide) Grafted with Long Alkyl Chains Used for UV-curable Powder Coatings[J]. Prog. Org. Coat., 2007, 59:284-290.

【58】Yin S C, Xu H Y, Shi W F, et al. Preparation and Optical Properties of Poly (4–ethynyl-4'-[N,N-diethylamino] Azobenzene-co-phenylacetylene) [J]. Dyes Pigm., 2007, 72 (1):119-123.

【59】Zhao Y B, Fu Q, Shi W F, Wang F. Synthesis and Characterization of ZnS/hyperbranched Polyester Nanocomposite and its Optical Properties[J]. Polymer, 2007, 48:2853-2859.

【60】Zhao Y B, Chen T T, Zou J H, Shi W F. A Gamma-ray Irradiation Reduction Route to Prepare Rod-like Ag2S Nanocrystallines at Room Temperature[J]. Mater. Lett., 2007, 61:3232–3234.

【61】Huang Z G, Shi W F. Effect of Poly (Dihydroxydiphenyl Acryloxyethyl Phosphate) on the Degradation Kinetics of Urethane Acrylate[J]. J. Therm. Anal. Calorim., 2007, 88(3):833-841.

【62】Huang Z G, Shi W F. Synthesis and Properties of a Novel Hyperbranched Polyphosphate Acrylate Applied to UV Curable Flame Retardant Coatings[J]. Eur. Polym. J., 2007, 43:1302–1312.

【63】Yang Z, Shi W F. Crystallization Behavior and Micelle Formation of Star-shaped Amphiphilic Block Copolymer Based on Dendritic Poly(ether-amide)[J]. Eur. Polym. J., 2007, 43(6):2298-2307.

【64】Yang Z, Shi W F. Synthesis and Thermally Responsive Characteristics of Dendritic Poly(ether-amide) Grafting with PNIPAAm and PEG[J]. Polymer, 2007, 48:931-938.

【65】Xie J D, Hu L H, Shi W F. Synthesis and Characterization of Hyperbranched Polytriazole via an "A2 + B3" Approach Based on Click Chemistry[J]. Polym. Int., 2008, 57(8):965-974.

【66】Xie J D, Hu L H, Shi W F, Deng X X, Cao Z Q, Shen Q S. Synthesis and

Nonlinear Optical Properties of Hyperbranched Polytriazole Containing Second-order Nonlinear Optical Chromophore[J]. J. Polym. Sci. B: Polym. Phys., 2008, 46(12):1140-1148.

【67】 Liu J H, Zhan F, Fu Q, Zhu X Y, and Shi W F. A Facile Synthetic Strategy for Hyperbranched Polymer via Combining Free Radical Telomerization And Polycondensation[J]. J. Polymer Science, Part A, 2008, 46(22):7543-7555.

【68】 Liu J H, Wang Y S, Fu Q, Zhu X Y, Shi W F. Branched Polymer via Free Radical Polymerization of Chain Transfer Monomer: A Theoretical and Experimental Investigation[J]. J. Polymer Science, Part A, 2008, 46(4):1449-1459.

【69】 Fu Q, Shi W F. Preparation and Reversible Photo-crosslinking/Photo-cleavage Behavior of 4-Methylcoumarin Functionalized Hyperbranched Polyester[J]. Polymer, 2008, 49(23):4981-4988.

【70】 Fu Q, Shi W F. Preparation and Photopolymerization Behavior of Multifunctional Thiol-ene Systems Based on Hyperbranched Aliphatic Polyesters[J]. Prog. Org. Coat., 2008, 63(1):100-109.

【71】 Lv S C, Li S, Shi W F. A Novel Method for Preparation of Exfoliated UV-curable Polymer/Clay Nanocomposites[J]. Eur. Polym. J., 2008, 44(6):1613-1619.

【72】 Zhou W, Xu J W, Shi W F. Surface Modification of Multi-Wall Carbon Nanotube with Ultraviolet-curable Hyperbranched Polymer[J]. Thin Solid Films, 2008, 516(12):4076-4082.

【73】 Zhou W, Lv S C, Shi W F. Preparation of Micelle-encapsulated Single-wall and Multi-wall Carbon Nanotubes with Amphiphilic Hyperbranched Polymer[J]. Eur. Polym. J., 2008, 44(3):587-601.

【74】 Zhan F, Shi W F. Application of UV Cure Technology and Progress in Photopolymerization in China[J]. JCT Coatings Tech., 2008 October, 5(10):30-33.

【75】 Wang H L, Liu J H, Xu S P, Shi W F. Preparation and Film Properties of Tri(3,4-epoxycyclohexylmethyl) Phosphate Used for Cationically UV Curing Coatings[J]. Prog. Org. Coat., 2009, 65:263-268.

【76】 Wang H L, Xu S P, Shi W F. Photopolymerization Behaviors of Hyperbranched Polyphosphonate Acrylate and Properties of the UV Cured Film[J]. Prog. Org. Coat., 2009, 65:417-424.

【77】 Miao H, Cheng L L, Shi W F. Fluorinated Hyperbranched Polyester Acrylate Used as an Additive for UV Curing Coatings[J]. Prog. Org. Coat., 2009, 65:71-76.

【78】 Miao H, Huang Z G, Cheng L L, Shi W F. Syntheses and Properties of Fluorinated Phosphate Acrylates Used for UV-curing Coatings[J]. Prog. Org. Coat., 2009, 64:365-370.

【79】 Lv S C, Zhou W, Miao H, Shi W F. Preparation and Properties of Polymer/LDH

Nanocomposite Used for UV Curing Coatings[J]. Prog. Org. Coat., 2009, 65:450-456.

【80】Zhang Z H, Shi W F. Facile Route to Aromatic Hyperbranched Poly(ester amines) [J]. Chem. Res. Chin. Univ., 2009, 25 (3):400-403.

【81】Yang Z, Xie J D, Zhou W, Shi W F. Temperature Sensitivity and Drug Encapsulation of Star-shaped Amphiphilic Block Copolymer Based on Dendritic Poly(ether-amide) [J]. J. Biomed. Mater. Res., Part A, 2009, 89(4):988-1000.

【82】Bao F F, Shi W F. Synthesis and Properties of Hyperbranched Polyurethane Acrylate Used for UV Curing Coatings[J]. Prog. Org. Coat., 2010, 68:334–339.

【83】Zhan F, Anila Asif, Liu J H, Wang H L, Shi W F. Synthesis and Characterization of Cationic Photopolymerizable Hyperbranched Polyesters with Terminal Oxetane Groups by the Couple-monomer Polyesterification of Carboxylic Anhydride with Hydroxyl Oxetane[J]. Polymer, 2010, 51:3402-3409.

【84】Miao H, Bao F F, Cheng L L, Shi W F. Cotton Fabric Surface Modification for Imparting High Water and Oil Repellency Using Perfluoroalkyl Phosphate Acrylate via γ-ray Induced Grafting[J]. Radiat. Phys. Chem., 2010, 79:786-790.

【85】Miao H, Bao F F, Cheng L L, Shi W F. Fluorinated Modification of Hyperbranched Polyesters Used for Improving the Surface Property of UV Curing Coatings[J]. J. Fluorine Chem., 2010, 131:1356–1361.

【86】Cheng X E, Shi W F. UV-curing Behavior and Properties of Tri/Di(Acryloyloxyethyloxy) Phenyl Silane Used for Flame-retardant Coatings[J]. Prog. Org. Coat., 2010, 69:252–259.

【87】Yuan Y, Shi W F. Preparation and Properties of Exfoliated Nanocomposites Through Intercalated a Photoinitiator into LDH Interlayer Used for UV Curing Coatings[J]. Prog. Org. Coat., 2010, 69:92–99.

【88】Zhang Y, Fu Q, Shi W F. Synthesis and Intrinsic Blue Fluorescence Study of Hyperbranched Poly(ester amide ether) [J]. Sci. China: Chem., 2010, 53(12):2452–2460.

【89】Akesson D, Skrifvars M, Lv S C, Shi W F et al. Preparation of Nanocomposites from Biobased Thermoset Resins by W-curing[J]. Prog. Org. Coat., 2010, 67(3):281-286.

【90】Zhan F, Asif A, Liu J H, Shi W F et.al. Synthesis and Properties of Cationic Photopolymerizable Hyperbranched Polyesters with Terminal Oxetane Groups by The Couple-monomer Polymerization of Carboxylic Anhydride with Hydroxyl Oxetane[J]. Polymer, 2010, 51(15):3402-3409.

【91】Xie H, Hu L H, Zhang Y, Shi W F. Sulfur-containing Hyperbranched Polymeric Photoinitiator End-capped with Benzophenone and Tertiary Amine Moieties Prepared via Simultaneous Double Thiol-ene Click Reactions Used for UV Curing[J]. Prog. Org. Coat., 2011, 72(3):572-578.

【92】Cheng L L, Shi W F. Synthesis and Photoinitiating Behavior of Benzophenone-based Polymeric Photoinitiators Used for UV Curing Coatings[J]. Prog. Org. Coat., 2011, 71(4):355-361.

【93】Hu L H, Yuan Y, Shi W F. Preparation of Polymer/LDH Nanocomposite by UV-initiated Photopolymerization of Acrylate through Photoinitiator-modified LDH Precursor[J]. Mater. Res. Bull., 2011, 46(2):244-251.

【94】Qiao L G, Shi W F. Synthesis and Characterization of Hyperbranched Polyurethane-benzyltetrazole[J]. Chin. J. Polym. Sci., 2011, 29(6):670-683.

【95】Cheng X E, Shi W F. Synthesis and Thermal Properties of Silicon-containing Epoxy Resin Used for UV-curable Flame-retardant Coatings[J]. J. Therm. Anal. Calorim., 2011, 103(1):303-310.

【96】Yuan Y, Shi W F. Preparation of Polymer/LDH Nanocomposite through Intercalated Silane Coupling Agent by UV Irradiation[J]. Mater. Res. Bull., 2011, 46:124-129.

【97】Zhang Y, Miao H, Shi W F. Photopolymerization Behavior and Properties of Highly Branched Polyester Acrylate Containing Thioether Linkage Used for UV Curing Coatings[J]. Prog. Org. Coat., 2011, 71:48-55.

【98】Xie H, Hu L H, Shi W F. Synthesis and Photoinitiating Activity Study of Polymeric Photoinitiators Bearing BP Moiety Based on Hyperbranched Poly(ester-amine) via Thiol-ene Click Reaction[J]. J. Appl. Polym. Sci., 2012, 123(3):1494-1501.

【99】Zhan F, Cheng X E, Shi W F. Cationic UV Curing Behavior and Thermal Properties of Oxetane-modified Polysiloxane Prepared from Tetraethyl Orthosilicate[J]. J. Appl. Polym. Sci., 2012, 123(2):717-724.

【100】施文芳. 辐射固化应用与进展[M]. 北京：中国科学院数理化学局，中国同位素与辐射行业协会，1991:107.

【101】Shi W F. Synthesis and Photocuring of Modified Linear and Hyperbranched Polyesters[C]. Stockholm: Royal Institute of Technology, 1994.

【102】Rånby B, Qu J, Shi W F. Photocrosslinking of Polymers in the Polymeric Materials Encyclopedia[M]. Florida: CRC Press Boca Raton, 1996.

【103】Shi W F. Photopolymerization of Dendritic Polymers and Their Applications for Coatings[M]. Treands in Research Photochemistry and Photobiology, 2001, 7

【104】施文芳，徐建文. 电子束涂层固化及其应用[M]. 2003（未出版）.

附录 C
亲友追忆录

追忆爱妻施文芳的出彩人生

瞿保钧

我和施文芳于1965年考入中国科学技术大学（以下简称"中科大"），被分配在同一个系同一个班近代化学系6534班，我是班团支部书记，她是班团支部组织委员。1965年12月，我俩在中科大近代化学系同一天加入了中国共产党，从此开始相识、相知到相爱。1970年7月大学毕业一起分配到河北邯郸五七钢厂后结婚生子。1973年8月又一起被调回中科大任教。1984—1987年和1991—1994年期间，我俩先后两次出国深造，在同一个国家、同一所大学、同一个系、同一个导师瑞典皇家工学院高分子系本·朗比教授（瑞典皇家科学院和瑞典皇家工程院两院院士）指导下攻读博士学位。我俩在中科大工作期间通常不在一个单位，但从2001年之后一直在中科大高分子科学与工程系工作，直到各自退休及返聘。2015年我妻子患病之后我俩相濡以沫、同甘共苦，我一直陪伴她在国内各大医院看病治病，直到她最终离世。在一起度过五十三个年头（1965年9月—2018年2月），在风雨同舟的人生旅途中，我俩奋斗过、辉煌过、幸福过，回忆起爱妻传奇般人生经历仍然历历在目，令我难以释怀。

她既是一个贤妻良母型的中国传统女性，又是一个在专业领域和行业中享誉中外的杰出学者型科学家、教书育人有方、桃李满天下的优秀教师和卓有成效的学术、行政管理领导者。她爱岗敬业，兢兢业业，不怕艰难困苦，是一个一步一个脚印、敢攀高峰的传奇式人物。她不赞成有人称她为"女强人"，因为她认为"女强人"的说法太强势，不利于平等相待、交流商讨、解决问题。实际上，她一生与人为善，乐于助人，对自己的本职工作有强烈的责任感，总是想把事情做得尽善尽美。无论在学习、科研、学术及行政管理工作岗位上，还是在日常生活中或与病魔作顽强斗争的过程中，她都表现出自信自强、乐观豁达、不畏艰险、奋发向上的精神风貌，遇到困难时她不会轻易低头退缩，而是会迎难而上。她工作勤奋、富有远见，为我国高分子学界培养了大批优秀人才；她呕心沥血，为自己从事的紫外光固化涂层研究领域取得了许多创新成果、培养了大批优秀人才；她无私奉献，为我国辐射固化行业的发展壮大做出了令人瞩目的杰出贡献。她的一生是奋斗的一生，出彩的一生，传奇的一生，也是非常幸福的一生，因为她不仅收获了事业、收获了爱情、收获了家人及亲朋好友对她的爱，还收获了她的学生、同事、国内外同行友人以及凡是知晓她人品的人们对她的尊敬和爱戴。

一、妻子的生平简介

我妻子施文芳1945年11月7日生于江苏启东，1965年7月她以优异的成绩从启东中学考入中国科学技术大学（北京），同年12月她加入了中国共产党，1970年7月毕业于中国科学技术大学近代化学系，1970—1973年在河北邯郸五七钢厂工作，1973年8月调回中国科学技术大学（合肥）任教，之后一直在该校工作。她先后于1985—1987年和1992—1994年作为访问学者和博士研究生两次出国到瑞典皇家工学院学习进修、攻读博士学位，1994年11月获得瑞典皇家工学院理学博士学位。1996年升职为中国科学技术大学教授、博士生导师，2007年晋升为中国科学技术大学二级教授，2010年退休后返聘工作至2015年。2018年2月18日上午6点因病医治无效，在安徽合肥逝世，享年七十三岁。

她长期从事紫外光固化和辐射化学的教学与科研工作，教授高分子和辐射化学课程，开展国际前沿领域的"树枝状／超支化聚合物的合成与应用"课题的研究，主持或承担过国家科技部"973""863"

项目课题、国家自然科学基金会重点／面上项目课题、中国科学院知识创新工程课题、教育部博士点基金课题等十几个项目，获得中国科学院、省部级科学技术成果鉴定5项。作为第一发明人获得的发明专利10项，国际授权PCT专利1项，发表的科研学术论文200多篇，培养博士32名（其中两名为外籍学生：巴基斯坦和瑞典各1名），硕士12名，获得过安徽省自然科学二等奖，是创建国际上首条紫外光交联电缆工业生产线的主要参与者。

她也是一名爱岗敬业、尽心尽责、一丝不苟、具有远见卓识的学术、行政管理领导干部。她曾任中国科学技术大学外事办公室和港澳台办主任、应用化学系主任和高分子化学与工程系主任、中国科学技术大学学术委员会委员、国家自然科学基金会工程与材料科学部专家组成员；曾任安徽省塑料协会副会长、全国辐射固化协会副会长兼秘书长、中国感光协会辐射固化专业委员会副主任、主任及学术委员会主任、亚洲辐射固化协会副主席，并多次担任国际学术会议主席、副主席以及国际会议顾问委员会成员。

在担任中国科学技术大学外事办公室主任期间，她积极加强和扩大中科大与国际的合作与交流，创办了中英文中科大外事简报进行国内外合作交流，并首次引入外国留学生到中科大学习，在提升中科大的国际影响力方面做出了开创性贡献。在担任应用化学系和高分子化学与工程系主任期间，大力引进中国科学院"百人计划"国际一流人才，现今引进的这些人才大多获得了国家杰出青年基金，极大提升和促进了相关学科的发展壮大，成为我国各前沿学科的领军人物。在担任国家自然科学基金会工程与材料科学部专家组成员期间，她不仅关爱本校高分子学科的后辈青年才俊，还培养和扶植了一大批兄弟院校的杰出人才。在她四十多年的科研和教学生涯中潜心钻研，辛勤耕耘，诲人不倦，无私奉献，为我国的高分子化学及紫外光固化学科的创建和发展做出了重大贡献。

在她攻读博士学位和与国际专家学者进行学术交流的过程中，她发现紫外光固化和高能辐射固化涂层技术不仅具有产品质量好、效率高的优点，还是一种无溶剂挥发的环保型新技术，其应用前景广阔，国际上正处于蓬勃发展的初始阶段，而我国还处于空白。因此，她积极主动与中国科学院辐射技术的相关部门联系，并联合其他相关高校和产业界相关企业，于1993年5月专程从瑞典返回中国，同时邀请她的导师本·朗比教授一起到北京，创建了全国辐射固化协会，并担任副会长兼首届秘书长，极大地推动了我国紫外光固化和辐射固化行业的发展壮大。她多次被邀请在辐射固化国际会议上代表亚洲和中国作大会报告，介绍中国和亚洲在辐射固化及应用领域的发展。在担任中国感光协会辐射固化专业委员会副主任、主任和亚洲辐射固化协会副主席期间，她还多次在中国组织召开国际会议，邀请美国、欧洲国家和日本的国际同行专家等来华作报告，介绍在国际上这一领域的最新发展和应用动态，并与他们进行国际合作交流。她与德国巴斯夫（BASF）公司和盛威科公司、法国Creat公司、美国DSM公司以及中国台湾地区的长兴、三皇公司等都有合作项目。

她一直以来是我国辐射固化领域研发的领军人物，与江苏利田、江苏三木、广东广信、天津久日、浙江佑谦公司等三十几家公司有合作关系，开发新产品，同时还帮助和鼓励国内企业产品在国内和国际会议上展销，打开国际市场，对我国辐射固化行业的发展壮大做出了杰出的贡献。

总而言之，我妻子施文芳的毕生精力绝大部分时间都无私奉献给了她所钟爱的教书育人和辐射固化技术的科学研究及我国该行业的发展壮大上，也实现了她进入大学时代后要成为一名科学家的初衷。我妻子的一生正如与她共事多年的国家自然科学基金会高分子学科的一名负责人在吊唁中评述的："她是杰出科学家和学术、教育管理者！"在中国科学技术大学共事多年的一名学生兼同事也在网上评说她："施老师是杰出的学者、慈爱的老师、贤惠的妻子和伟大的母亲！"她的一名中科大校友、现旅居澳大利亚的生前好友在当天得知她离世噩耗后的吊唁函中这样评价她："她的善良、真诚、乐观、勤奋、勇往直前、坚忍不拔的精神值得我们所有人学习！""施文芳教授的一生，是奋斗的一生，无论对工作、对病魔，她都无愧为战神。对学生、对朋友、对熟人，她满满地爱过，并被满满地爱着！"

二、一生的杰出贡献

1. 教书育人桃李满园

她一生钟爱教育事业，教授高分子和辐射化学课程，培养了32名博士（其中巴基斯坦和瑞典籍博士各1名）和12名硕士。这样大的工作量对她五十一周岁才成为博士生导师来说，其压力是非常罕见的，何况她当时还担任着中科大外事处处长、系主任等许多行政职务和行业协会兼职。她当过中国科学技术大学应用化学系78级的年级指导员（班主任），多年来听过她课的、指导过的本科生毕业论文和到她实验室做大学生研究计划的学生无数。现今她的不少学生遍布世界各地，可谓桃李满天下！她对待学生既严格要求，又慈爱关怀。通常学生们初次见她都有一种敬畏，但接触多了发现她身上到处洋溢着慈母般的温暖。学生遇到困难或有什么思想包袱，总是会被她发现，学生也会主动找她，她总是会耐心倾听，找准问题所在，循循诱导，及时伸出援手帮助解决问题。她非常关心研究生的毕业去向问题，总是像慈母一样为他们操很多心，除了听取他们本人的意愿外，常常能为他们量身订制、因材施策地提出合理建议，推荐他们到国内外相关公司企业，或推荐他们到国外相关教授处做博士后研究等。因此，她的研究室在中科大化学与材料科学学院的研究生和本科生圈子里享有极高的声誉，想要到她研究组去的学生非常多。可见，她是一名极受学生推崇、爱戴的优秀教师！

2. 科技创新成果丰硕

1965年她考入中国科学技术大学的初衷是将来当一名科学家，但1966年开始爆发的"文化大革命"动摇了她的这个梦想。1973年调回中国科学技术大学任教时她想当个好老师。在我国进入改革开放年代的1985年，当她被瑞典皇家工学院两院院士本·朗比教授邀请到瑞典作访问学者，并建议她攻读博士学位时，她重新燃起了当一名科学家的愿望。她抓住了这个千载难逢的机会，勤奋学习，刻苦钻研，克服了常人难以想象的重重困难，经过前后四年多的奋斗拼搏，在大学时代只上了一年课程、只读了一年初级（从英文字母开始）英语的她奇迹般地完成了十几门功课的英文考试，撰写了四篇英文论文并被国际权威专业杂志所录用，而后又传奇般地顺利通过了博士论文的英文答辩，拿下了瑞典皇家工学院的理学博士学位，这为她在国际舞台上开展最前沿领域的创新研究打下了坚实基础。她的博士论文题目就是"改性线型和超支化聚酯的合成与光固化"。从瑞典留学回国之后，她继续从事紫外光固化和辐射固化方面的课题研究。她主持或承担过科技部的"973"和"863"重大项目课题、中科院知识创新工程项目、国家自然科学基金会重点/面上项目等十几个项目。在树枝状/超支化聚合物的合成与光固化涂层应用研究方面取得很多创新性成果，发表了200多篇科研论文，获得了中国科学院、省部级科学技术成果鉴定5项，以第一发明人获得的发明专利10项，国际PCT专利1项，是创建国际上首条紫外光交联电缆工业生产线的主要参与者。

3．学科建设责无旁贷

她不仅在国内创建了聚合物紫外光固化的前沿学科，在担任应用化学系和高分子科学与工程系主任期间，还大力引进国外优秀人才，发展了许多新的学科。现在这些引进的人才大都成长为相应学科的领军人物，为中科大高分子领域的学科建设立下了汗马功劳，极大提升了中科大高分子系在全国高校中的影响力。

她是国家自然科学基金会高分子学科的专家组成员，还为帮助和扶植兄弟院校如清华大学、北京大学、复旦大学、上海交通大学、浙江大学、东华大学、华南化工大学、华中科技大学等的相关学科建设和人才培养做出了重要贡献。

4．行业发展呕心沥血

辐射固化行业中的许多人称她是中国辐射固化行业的开拓者。1993年5月，她代表中国科学技术大学，赵文彦代表中科院辐射技术公司，联合相关高校和企业一起创建了全国辐射固化协会，任副会长兼首任秘书长，对中国辐射固化行业的发展壮大起到了重要的、关键的推动作用。她每年都要组织一到两次全国辐射固化行业会议，进行相互学习交流，还多次组织系列辐射固化技术培训班为企业培养人才、交流经验，自己授课，参观由她建立的中科大辐射固化实验室等。不仅如此，她还鼓励国内企业把自己的产品在国际会议上展销，开拓国际市场。

在她担任中国感光协会辐射固化专业委员会副主任、主任和学术委员会主任期间，曾多次组织和主持大型国际会议，邀请国际同行专家和学者来华作报告，介绍国际上辐射固化领域最新进展，相互进行学术交流。与此同时，她还开展与国际和国内企业的项目合作。因此，在行业内她被称为中国辐射固化行业的领军人员是名不虚传的。

三、高尚的人品魅力

1. 有理想、有追求、敢担当的杰出女性

随着她年龄和阅历的增加，她的理想不断有新的追求。考入中科大时，她决定要成为一名科学家，并为此奋斗了一生！她的奋斗精神首先集中体现在打好自己的科学基础上，近五十岁还在瑞典皇家工学院拼搏攻读博士学位。功夫不负有心人，1994年11月，她获得了瑞典皇家工学院高分子系理学博士学位。其次，她要将学习到的科学知识贡献给祖国、贡献给社会，通过自己的研究成果努力将国际最新技术转化为生产力，为社会创造财富。1993年她敢于担当重任，发起创建全国辐射固化协会，当时国内只有少数几家企业引进国外光固化涂层技术，而现今这个辐射固化行业经过二十多年的发展壮大，已有数以千计的国内企业在从事辐射固化这个领域的各种各样原材料和产品的生产和销售，不仅开拓了国内市场，而且不少原材料还打入了国际市场。我妻子在其中所做的重大贡献是不言而喻的！

2. 无私奉献的组织能力、工作能力和领导才能

她能抓住机会踏实做好每件事情，不仅自己能干，而且能高效组织调动和领导相关人员一起干，这在她一生中的做事风格中都能淋漓尽致、贯穿始终地显示出来。例如，当她还只是一个二十多岁的大学生时，"文化大革命"大串联中的她就已经显露出她敢于担当的组织能力、工作能力和领导才能。在"文化大革命"初期，校系领导都被视为"走资派"靠边站了，结果无人去组织接待外地来

校的红卫兵。她就勇敢站出来，主动联系启东中学的两名老乡校友，组织了中科大红卫兵接待站，自己挑起了站长重任。之后，她又在各系组建起了接待分站，共同分担起接待来校大串联红卫兵。这在当时来说是校内最重要、最紧急的任务了。据说有一天，她一次从北京体育馆领回了上万名来京串联的红卫兵到中科大接待站，落实了他们的吃住行。她走上工作岗位之后，无论在担任中科大外事处长、应用化学系主任、高分子化学与工程系主任，还是担任全国辐射固化协会秘书长、副会长和中国感光协会辐射固化专业委员会副主任、主任期间，都能充分表现出她这种爱岗敬业、勇挑重担、无私奉献的组织能力、工作能力和领导才能。

3. 自信自强、乐观豁达和踏实肯干的优良作风

当她追求的目标遇到困难、挫折时决不会轻易放弃退缩，她总是迎难而上，而且尽可能地将事情做得尽善尽美。她年龄接近五十岁时，还要在瑞典皇家工学院攻读博士学位。因为她中学6年学的是俄语，大学英语低级班（从英文字母开始）学了一年就停课闹"文化大革命"，出国到瑞典之前一直在日语进修班学习以准备去日本留学，所以英语基础很薄弱。而在瑞典皇家工学院攻读博士学位需要通过十几门必修课和选修课学分的英文考试，对她的英语基础而言困难极大。课程授课的教授大多来自美国、英国、法国，授课结束大约一个月后考卷从授课教授国家寄到瑞典皇家工学院高分子系进行闭卷考试，答卷还要寄回给授课的教授来评分，非常严格。我曾经劝告过她考虑放弃攻读博士学位，但她非常自信，迎难而上，坚信通过自己踏实肯干的努力能够拿到博士学位。最后，她传奇般地不仅通过了十几门课程的考试，完成了发表四篇英文博士论文的要求，还顺利通过了博士学位的英文答辩。由此可见，她为此学位花费了多少心血汗水、付出了多少代价艰苦奋斗和拼搏，这是常人无法想象的艰辛啊！又如，她总是一丝不苟地将国际国内学术会议上做报告的PPT讲稿做得既漂亮又简洁明了，而且总是精益求精，不断修改到最后一刻，甚至下一个报告就要轮到她了，她还在一边听一边修改她的PPT讲稿，尽可能地做得科学严谨、完美无缺。她

是一个不折不扣的完美主义者！在国际会议上作报告时，就连外国专家教授看到她的PPT讲稿，听了她的讲演都感到十分赞赏和钦佩！

4．对人善良、热情真诚、富有同情心和乐于助人

她一生帮助过的人不计其数，无论在哪个学习、工作岗位上，还是日常生活中，她都对人善良、热情真诚、富有同情心和乐于助人。例如，当她还是个二十多岁的大学生时，她不仅勇敢站出来，主动挑起了中科大红卫兵接待站站长的重任，而且在她看到当时校党委书记刘达等校领导被视作"走资派"关进了"牛棚"，每天在炎热太阳下拔草、清理垃圾后，她对这些年老体弱的老干部十分同情，毅然决定以食堂师傅来不及做馒头、供不上接待来校的红卫兵为理由，将这些校级老干部调入食堂帮厨，名为"接受改造"，而实际上起到了保护这些老干部的作用。

又如，在她带研究生期间，发现有学生遇到困难或谈恋爱出了问题，她都耐心细致摸清情况，然后对症下药、有理有节地帮助他们摆脱困境。她实验室里有个博士研究生因谈恋爱受挫，无心再做研究课题。她就耐心开导他，鼓励他鼓起勇气，撇开包袱、集中精力做好博士论文工作，并通报了他在农村的父母来合肥商量对策，有可能的话一起协助他完成学业。结果该研究生成功地拿到了博士学位，不仅在云南烟草局找到了很好的工作，而且组建了一个幸福美满的小家庭。类似的例子不胜枚举。她总对我说："一个考入中科大的学生寄托了一家人的希望，当老师的有责任帮助他走上正道，哪能轻易放弃啊？"总是站在对方立场上考虑问题是她一贯的处事之道。

5．热爱生活、热爱家庭，属于贤妻良母型的传统女性

她的生活品位要求极高，家里保持得异常干净整齐，各种东西摆放得井井有条。她不仅对自己的物品、资料整理得有条有理，还经常对家庭成员获得的证书、奖品奖状、纪念品、礼品等分门别类，非常得体地挂在墙上或摆放在大厅礼品柜和书柜中展示，还随时地对这些物品的安放位置进行调整改进。同时，她在家里也经常下厨房炒菜做饭，但凡家里有亲戚朋友来访、儿子儿媳回家，她总是要下厨，炒一手好菜来招待他们。总之，不管是我们的小家庭，还是双方兄弟姐妹辈的大家庭，她都能相处得十分融洽和谐。为此，她在网上还创建了"和谐幸福美满大家庭""我爱我家"等微信群，成为大家庭各成员联络沟通的有效渠道之一。她成为我的妻子，我不仅感到十分幸运，而且一辈子都感到幸福无比，真正体验到了"大树底下好乘凉"的感觉。

　　总而言之，我妻子的一生是奋斗的一生、拼搏的一生，无论她在校学习、走出校门后工作，还是在退休后晚年与病魔作顽强抗争，她总是想抓住一切机会去争取获得最好的结果。她总是有新的目标、新的追求，总是有她做不完的事情。在工作和生活中遇到困难时，她总是乐观向上，不怕吃苦，不抱怨，不泄气，总是踏踏实实，一步一个脚印，实事求是，抓住每个机会做好每一件事情。她具有非凡的工作能力、组织能力、管理能力和领导才能，在她看来，没有克服不了的困难，没有攻不破的堡垒。她与人为善，热情真诚，乐于助人，凡是与她交往过的人都会被她的人格魅力所折服。

四、生活琐事的点滴回忆

1. 当初放弃婚礼，三十年后补拍婚纱照

　　1971年，由于考虑到双方父母的难处，我们只领了结婚证而没有办婚礼，因为双方家庭的两个弟弟也正准备结婚举办婚礼。那年11月，我俩在邯郸市领了结婚证后不久就回到双方的老家去参加了两边弟弟的婚礼，与此同时，我俩给双方的亲朋好友分发了我俩结婚的喜糖，并说我们已在邯郸五七钢厂办了婚礼。我们从老家回到邯郸厂里给钢厂双方单位的职工同事、朋友也分发了结婚喜糖，又说我俩在老家办了婚礼。而实际上，我们在老家和邯郸两地都没有办过婚礼，为的是减轻双方父母的经济压力，特别是我妻子考虑到了男方家的经济压力。我的母亲已于1968年底去世，我父亲和弟弟都是农民。为我弟弟结婚办酒席，我父亲已非常艰难，如果还为我俩结婚办酒席，势必会加重我父亲的负担。之后的几十年里，我们也从未想补办过婚礼。由此可见，我妻子施文芳是个非常贤惠、通情达理、境界高洁的杰出女性。进入了

21世纪的第一个年头（2000年），随着我们自己小家庭的经济明显改善，时隔三十个年头，为了弥补未办婚礼的缺憾，我妻子提议专门到照相馆里补拍了婚纱照，而此时我们的年龄已近六十了！可见，我妻子也是个非常浪漫的女人。

2．患难与共，敢于担当

我在1972年8月份因阑尾炎开刀发现患了糖尿病而住在邯郸市地区医院。那时正值我妻子怀孕八九个月，她竟然拖着沉重的身子每天从住地骑自行车到邯郸地区医院（两地相距十六七里）给我送饭菜，晚上还在医院打地铺陪我过夜。我儿子就是她来医院陪夜时临产生下来的。她这种吃苦耐劳、患难与共，为了家庭幸福敢于担当重任的无私无畏精神确实令我终生感激不尽。

3．危机时刻，挽救我生命

1976年我们在中科大任教时，我的糖尿病又复发了，而且比之前更加严重，胸闷疼痛难熬，当时我觉得透不过气来，生命已危在旦夕。我让她放弃我吧，但她奋不顾身，在楼道里大声呼救，邻居们闻声协助，她叫来了救护车，把我送到医院抢救。急救医生诊断其为糖尿病酮症酸中毒，非常凶险。医生说："病人要是再晚一点送来，就没命了！"在关键时刻，无疑是我的妻子挽救了我的生命，我这辈子永远也不会忘记她对我的恩情！

4．细心呵护，始终如一

我患糖尿病已有四十六个年头了，但至今除了眼底视网膜病变并发症外，身体其他部位基本上还算健康，这全靠她平日的细心呵护和关照帮助。例如，在二十世纪七十年代的某天下午，妻子和我一起到集市菜场去买菜，大概我午饭吃得少了一点，加上出去买菜活动量大了点，自己感到心跳加快难受，但我全然没有意识到这是低血糖症状。这时，我妻子叫我名字，发现我没有应答、反应迟钝，就赶紧走到我身边拉住我的手问："你是不是低血糖了？"与此同时，她从我身边的口袋里拿出葡萄糖片让我吃了三片，并让我坐在路边的凳子上休息，过了大约一刻钟，我感觉心慌好多了，脑子也清醒得多了。由于妻子的细心呵护，使我避免了一场低血糖昏迷的灾难。

类似的几次低血糖症状都是她首先察觉到的。她还经常督促我去锻炼身体、控制好饮食、提醒我饭前是否注射了胰岛素等。

又如，1985年，她放弃去日本京都大学留学而毅然决定冒着极大语言风险到瑞典留学的初衷是为了和我在一起，便于从生活上照顾我和成就我的事业。她的这种贤惠在我们的家庭生活中是始终如一的，她总是把重担压在自己身上来挑。说真的，连我们自己都没有想到的在瑞典也成就了她自己的事业，这也应验了一句老话："无心插柳柳成行。"同时对我妻子而言，这也应验了一句谚语："是金子，放到哪里都会发光的。"除了她平时无微不至的关照外，对我而言特别重要的一点是她从不因我病了给我任何压力，一直对我非常宽容大度、耐心照顾，宁肯自己多干家务活也不让我劳累了。她常对我说："你好好养病，不要多想其他事，相信我有能力养你一辈子！"妻子的温暖肺腑之言一直鼓励着我去战胜疾病，做好本职工作。她这种敢于担当重压的无私无畏精神也让我感动了一辈子！

一直到最近几年她患病期间，她仍然还要照顾我，从不让我在医院里为她陪夜，我给她送完饭菜、做完必要的事之后，她仍然督促我尽早离开医院去公园或附近去走路、锻炼，不让我在医院久待，而她自己却一直在默默地忍受着病魔带给她的痛苦。

以上追忆爱妻施文芳的部分生平往事以寄托我对她离世三个月的哀思！

2018年5月18日于合肥

我生命里最爱与最钦佩的人

瞿 欣

我有一位慈母,是我生命里最爱与最钦佩的人。在我人生的每个阶段,我的母亲都是我不变的榜样。她是一位了不起的女性,拥有善良坚忍的品行,大气广厚的胸襟。她对生命寄予所有的尊重与热爱,不枉自己,不枉他人,一生精彩。工作中她孜孜以求,挑战未知,为行业为国家勤恳贡献;生活里又满怀关爱,以助他人为乐,对家人更是无微不至,倾注所有。

我很庆幸成为她的孩子,是她让我知道为人的意义。我永远不会忘记最后一个晚上,我为妈妈拭去的泪水,那是她对世界、对我们家人的不舍。今天我作为儿子送别她,我想说:"妈妈,请您安心走好,我们会像您期盼的那样好好地工作、生活,做更好的自己。爱不会离开,我们永远都在一起。"

妈妈是无比坚强的,多次入院,每一次都以最积极、乐观、自信的姿态与病痛做斗争。她像研究项目一样认真努力地对待疾病,搜集信息、调查分析,尝试一切新的方法,尽管那样做会带来风险、痛苦,甚至直到最后一刻她还在与医生、家人探讨各种指标情况,让在场的人无不动容。妈妈超乎想象的坚强让我们深深引以为傲。妈妈与人为善,以诚待人,在她患病期间,收获了外界满满的祝福与帮助,她是幸福地离开的。

未来,我会继续以我的母亲为榜样,大善予人,坚韧与生。妈妈,您一路走好!我们爱您,不会相隔。

——摘自瞿欣在施文芳追悼会上的答谢词

您是我能要求得到的最好的奶奶

瞿杰米

亲爱的奶奶：

我从哪里开始呢？我从没想过会发生这种情况，但确实已发生了。对一个好人来说，发生这种坏事是不公平的！奶奶你真是个好人啊！我还没有花足够的时间陪伴你，你却已经走了。我还来不及正式和你说再见，你却这样离开了。我还没准备好说再见呢！

在内心深处，我想我仍在企图挽回什么，仍在尝试运作起来。最重要的是，我很抱歉。我很抱歉没有和你在一起共度时光。对不起，最近几个月我没有去你那里，而且我很抱歉，把你的健康，把你和我在一起都视为理所当然。我猜想人们往往从不感激某些人，直到他们离世之后才感到珍贵。即使你走了，我仍然非常想念你。我从来没有意识到你有多爱我，再也见不到你我会多受伤。我知道你会告诉我什么，"不要悲伤，不要哭"。但不悲伤是不可能的，我已经哭了一整夜了。

我希望你知道，你永远在我心中，我永远不会忘记你对我的爱。我会永远记得我们一直以来的深夜交谈，和你一起玩的有趣的购物之旅，你给我买第一辆自行车，和你一起在酒店游泳，以及在你身边享受最好的时光。浏览你为我制作的相册是苦乐参半。我记得我们共同的美好回忆，然后意识到我们不能再这么做了。但我会坚守那些记忆，永不放手。我全心全意地想念你，并希望你和我在一起。我非常爱你，祝你在来世中一切顺利，因为我知道这是你应得的。

你是我认识的最强大的人之一，总是努力实现你的梦想。我非常钦佩这一点，并以此为动力。你激励我永不放弃，如果你把它放在心上就可以实现任何目标。你教会我谦虚，不要吹嘘自己拥有的东西。即使你完全了解自己有多殷实的财富，你也永远不要将它炫耀给你的朋友。我非常钦佩。

我想让你知道，我非常感谢作为我的奶奶的你。你对我的爱和我对你的爱都是如此强烈。即使你不在这里，我也总感受到你在我身边。我希望你知道我有多爱你，我永远不会忘记你。我希望你看到我并引导我，因为没有你我就迷失了。

  我在写这篇文章的时候正在撕心裂肺地哭泣。我知道你不要我哭，所以我会努力保持坚强。我会为你保持坚强的。你是我能要求得到的最好的奶奶。

  爱你的，杰米。

注：施文芳的追悼会现场，十四岁的孙女瞿杰米从遥远的美国寄来一封英文悼词。这个从小受到西方文化熏陶的小姑娘，用她特有的语言倾诉对奶奶的思念和感恩。本文为瞿保钧所作的译文。

我一生中最好的姐妹

施瑞香

我和文芳同年同月生,比她小八天,是中学六年的同学。我们曾同睡一张床,是上下铺的架子床,下铺是两个人睡一张床,上铺是一个人,一个房间要睡十七八个人。她性格开朗,很聪明,很能干,在同学中间很有人缘,跟大多数同学都相处得很好,关心同学,帮助同学。文芳在中学时期学习很刻苦用功,学习成绩一贯名列前茅,是一个"学霸"。她在初中时担任我们班的班长,高中时任校团委副书记,主持团委工作(书记由学校的一名老师兼任)。她平时社会工作较多,占用了一部分学习时间,但从来没有影响她的学习成绩。即使因开会或搞活动耽误了学习,她也一定会抓紧点滴时间补回来。学校规定下午第二节课后是学生自由活动时间,同学们往往回宿舍或到操场体育锻炼,但文芳却利用这段时间埋头在教室里做习题、温习功课,或在学校的小花园里背俄语。学校规定学生两个星期可回家一次,即星期六午后离校回家,星期日下午返校,晚上上晚自习课。虽然部分同学星期一早晨才到校,但文芳每次都会自觉遵守学校规定,星期日下午准时返校,晚上认真参加晚自习课,复习上一周的上课内容,准备好星期一小测验考试,同时做好预习,因此每次星期一的小测验考试她总是得满分。高一时她阑尾炎开刀,没有好好休养就来教室上课了。由于她平时学习刻苦努力,从来不打无准备之仗,因此无论是小考还是大考,她都成绩优秀、名列前茅。

我们两个人能够相遇是一种缘分。1959年,十四岁的我从东海镇小学考取了县中——启东中学。开学的第一天,我背着行李去学校报到。刚到启中校门口,不慎将家里带来的桃子撒了一地。当我正在手忙脚乱捡桃子的时候,迎面来了一个白皮肤大眼睛的漂亮小姑娘。她主动帮我捡桃子,同时热情地问我叫什么名字,是哪个班的,几年级学生。我回答说我是新生,是初一(4)班的。原来我俩都是新生,是同班同学。这就是我上启东中学的第一天遇到的第一个同学——施文芳。她给我的第一印象是：热情、开朗、活泼、健谈、能干、乐于助人。我俩似乎前世有缘，一见如故。那天，我俩说说笑笑一起去报到。我们认识了，我们两个还都姓施，关系就更进一步了。我们一起起床，一起跑步，一起去教室，处处在一起，不分彼此。我们不是一个村的，她家在县城的西边，离县城三十里地，我家在县城以东五十多里地，我们是天生注定有缘分的。我们俩聊天聊最多的是学习和班上的活动。我是文体委员，组织班上的一些文艺节目。她是班长，是同学选举的。她人缘好，又会关心别人，因此很受大家的欢迎，她到的地方马上就是一个中心。她是自发地出于本能地关心我们，大家都喜欢她。

文芳的性格乐观开朗、豁达大度、待人真诚热情、关心帮助他人是她一贯的作风。记得在初二的寒假，我们俩被学校选送去参加一个无线电培训班，地点在县城汇龙镇横街上的一所房子里，旁边有个做烧饼的店，每次经过那里就会勾起我的馋虫。有一次，我顺口说了一句："不知这烧饼好吃不好吃？"说者无意，但听者有心，过了几天她就买了一块烧饼给我吃。我当时就感动得热泪盈眶，因为这是我一生中第一次吃烧饼，香甜的味道至今还记忆犹新。我和文芳都是农村的孩子，父母都是农民，家中兄弟姐妹多，经济负担重。她平时非常节俭，舍不得多花一分钱，每次学校放假，都是步行几十里路回家，舍不得乘一次"二等车"（自行车载人是当时启东的主要交通工具）。就是在这样没有钱的情况下，她就像一个姐姐疼爱自己的妹妹一样，毅然为我买了烧饼，满足了我没有吃过烧饼的愿望。这份姐妹情谊我牢牢地记在心里，永远也不会忘记。后来每当我买烧饼、油条的时候，就会想起第一次吃烧饼的情景，想起文芳对我的关爱，心里总是感到暖暖的。第二件事是，1962年夏天我初中毕业了，中考那天结束后，同学们寄存完行李纷纷回家了，而我不幸生了病无法回家，文芳于是马上留下来陪我。夜里我一会儿发高烧，一会儿又冷得发抖（后来诊断为疟疾），文芳给我端茶倒水，照顾我安慰我，整整折腾了一个晚上。虽然我生病很痛苦，但有这么一个好姐妹在身边体贴地照顾我，对我是个极大的精神安慰，使我倍感温暖和踏实。

她对家庭的贡献，对父母亲的孝顺是有目共睹的，我一直把她作为我的榜样。高中一年级时，我去过她家里，她在家里做家务，帮助母亲做饭，帮母亲整理小菜园子，很能干，手脚也很麻利。后来，她对她母亲的照顾也很周到，她的母亲患了二十年的中风，一直躺在床上。每个假期她都回家照顾母亲，多少个春节都是她陪在母亲的病床前度过的，等到阿姨来了，她才回学校。她对母亲的孝顺真的值得我们学习。对母亲的护理费用，她总是要多出。按照我们农村的传统观念，父母亲的养老是由儿子来管的，女儿是嫁出去的，可以不管或者少管，但施文芳认为父母亲培养了她，她要承担得更多。那时，她的经济条件也不是很好，一篇论文多少钱是能够算出来的，她拿的奖金都是辛苦费。因此，她要多出对母亲的赡养费用，我是非常敬佩她的。

毕业以后我们联系很多，通信不断，互相交流。"文革"期间，我串联到过她们学校。文芳不仅在生活上关心帮助我，更重要的是还在政治思想上关心我、帮助我。1965年，文芳考取中国科学技术大学不久后写信告诉我，她已写了入党申请书，学校党组织正在考察培养她。我得知此消息，在为她高兴的同时又比较自卑，觉得自己仅是班上团支部组织委员，入党安排不上我。我向文芳坦露思想后，文芳马上来信鼓励我，要我勇敢地向党组织靠拢，要我学习党的基本知识，学习党章及《论共产党员修养》，要自觉地以共产党员标准要求自己。在她的鼓励和支持下，我向党组织递交了入党申请。从此以后我俩经常交流学习党的基本知识和心得体会，互相勉励。在党组织的培养教育下，我于1966年5月正式加入了中国共产党，可以说文芳就是我的入党领路人。我感谢她在政治上帮助我进步，使我较早地获得了政治生命，使我深切地感受到政治上、思想上的关心和帮助比什么都重要、珍贵。我和文芳无论在大学里还是在参加工作以后，无论她在国内还是在国外，都保持通信联络，互相交流工作、思想、家庭情况。她在瑞典学习非常紧张，但她还是经常给我写信，告诉我关于她学习、做实验、写论文的情况。信中充满了忙碌紧张、自信乐观、朝气蓬勃、奋发向上的精神状态。与她相比，我感到很惭愧。我长期在组织部门工作，机关工作很平淡，也谈不上什么业绩，我不太安心能在机关工作。我向她透露想法后，她来信帮我分析在机关工作的利弊，认为在机关工作同样锻炼人，尤其在组织部门选拔培养优秀人才是一项很有意义的工作，她要我安心在机关，踏踏实实做好本职工作。在她的开导和鼓励下，我安下心来，尽责尽力做好本职工作，也逐步由一个普通干部走上了领导岗位。在我俩长期的相处中，每当我有烦恼或把握不定的事，第一个想到的就是文芳，一定要请她帮我出谋划策。文芳也总是在关键时刻帮我把住方向，使我减少失误少走弯路。

"文化大革命"开始后，我们开始大串联。我是毛主席第三次接见红卫兵前到达北京的，本来我和我们班上一个同学是要到西安、延安去的，但是当我们听到毛主席要接见红卫兵时，我们就乘车到北京去了，并在中科大见到了施文芳。当时她是搞接待的，接待全国各地的红卫兵。她忙得不得了，是她安排我们在天安门广场等候毛主席接见的。在大学期间，我们一个月通信一两次。信写得很长，几张纸，2000多个字，她会告诉我她学习的情况。可惜几次搬家把信都丢失了。写信中印象最深刻的是，我们互相倾诉在入党上和找对象上的一些感想和做法，找对象要找什么样的人啊，人品要好啊，我们在大的问题上都是互相通气的。有些事我不告诉家里，先告诉文芳。她很有思想很有主见，会帮我分析，帮我判断。我们俩都是在大学期间谈的恋爱，那时候谈恋爱不像现在的小年轻谈恋爱，要从各个方面考察，很慎重。谈到文芳恋爱的经历，她给我来信说，大学里有一个同学叫瞿保钧，人很好，学习也好，但家庭条件不是太好，她说瞿保钧比她大两岁，因为家里穷，上不起学了就辍学，后来筹集了一些学费才继续上学。我听了瞿保钧的事情以后也觉得他很不简单。第一次见到瞿老师是在他们结婚以后，跟施文芳描述的一样，个子高高的，比较清瘦，从外表看是很精干、很帅的一个小伙子。瞿保钧在学术上也有很深的造诣，他们俩通俗地讲就是一类人，是天造地设的一双。我对瞿保钧也很佩服，我们成了很好的朋友。尽管施文芳走了，但我们和瞿保钧还经常保持着联系，我们要帮助他走出失去妻子的阴影。

我和文芳中学时的关系，就是好朋友、好姐妹。她是我一生中最知心的朋友，最好的姐妹，我和她讲的，未必和我亲兄弟姐妹讲，思想上的，工作上的，学习上的，家庭的。我们都有很多的兄弟姐妹，我的家庭情况她很熟悉，我都讲给她听；她的家庭情况我也很熟悉。直到现在，我想起她还是很伤心，我的知心话再也没有人可讲了。从她去世到她的"六七"我都缓不过来。施文芳在中学时能积极参加班上的体育、文艺活动，关键是她好学，组织能力、办事能力和交往能力厉害。一个人能干不能干，从小就能看出来。从小就能看出来她以后肯定有出息，她成为很有名的科学家一点都不奇怪。她从小学习用功，目标明确，基础很好，肯定能成为一个优秀的人才。

文芳在二十世纪八九十年代两次出国学习进修及读博，全家都在瑞典皇家工学院学习、生活。我曾经问她，为什么不留在国外发展，她毫不犹豫地对我说："是中科大送我出国进修的，我不回来对得起组织吗？我国在辐射固化领域落后于世界先进国家，我要赶紧将国际最新技术转化为生产力，为社会创造一点财富。在国外即使很成功也是寄人篱下，是打工仔，为自己的国家做贡献总比在国外当打工仔强吧，我为什么要留在国外呢？"在二十世纪八九十年代，出国是时髦，留在国外生活是不少人追求的目标。可文芳有条件留在国外却毅然选择回国，这就是真正的爱国！我深为文芳的爱国情怀所感动和崇敬。

文芳的发明和专利技术帮助了很多企业发展，她自己从不追求名利。2013年，她帮助一家东北的企业在化工园区申请项目，三番两次飞到南京，终于申请成功。企业不会写立项报告，她便帮企业整理了全部的资料。政府要奖励给她100万元，提供给她100平方米的实验室和120平方米的住宅，企业还把她的技术作为股份入股，要她当董事长，她都拒绝了，只接受了一点劳务费。她很忙，但企业让她做个讲座、让她进行技术指导，协会让她举办会议、开新班，她都欣然答应。每次她都很认真地准备PPT，不断地改进，有时候来不及了就在飞机上改。她追求社会价值，而不追求个人利益。她尽心尽力地追求技术产业化，为社会做贡献。这是她一贯的指导思想。

文芳是一个具有五十多年党龄的老党员，她始终信仰坚定，直至她生命的最后一刻。她的一位朋友多次劝她信奉天主教，祈求上帝、"万能神"的帮助，但她不为所动，坚定共产党员的信仰不动摇。2017年11月13日她给我发微信说："我的一个好朋友出国后信奉天主教，我不可理解，无神论的科学思想已扎根我的生命。我觉得命运还是掌握在自己手中，得依靠自己的努力。相信了万能神，一切由神安排好一切，听天由命行吗？我的性格里就是充满着自信，相信依靠自己，努力才能争取最好的结果。"在这前后几天的时间里，我俩多次通话，每次通话在一小时以上，甚至两小时。我们深入地讨论了关于共产党员的信仰问题，她不理解为什么有些人不信马列主义而信神信鬼。后来我才得知，当时她已病情复发住院，就在病情恶化的情况下，她仍坚定共产党员的信仰不动摇，坚决不信教不信神，字里行间充满了顽强和自信。我为她的坚定信仰所折服、感动，她真不愧为坚定的马克思主义者和优秀的共产党员。

文芳关心体贴我的例子很多很多。就拿打电话来说，我们通话时间比较长，她知道我经济条件不是太好，就一定主动打给我，有时我打给她，她非要我挂了，然后再给我打过来，她是为了不让我付电话费，事情虽然很小，却表现了她为别人着想的精神。每次来南京见面，她总是把我们夫妇俩请到她住的酒店吃饭，不让我们破费招待她。看我平时很少外出旅游，2013年9月，她特地邀请我们夫妇俩去上海游玩。她不但替我们买了来回的火车票，在上海火车站旁边安排了酒店食宿，还陪我们欣赏了黄浦江夜景，逛了南京路，给我买了真丝衬衫、羊毛衫、化妆品等，同时还安排了在沪居住的部分老同学聚会。2014年我七十岁生日前，她突然给我邮来了一个包裹，送了四样东西祝贺我的生日，并发微信告诉我："一条红黑格子围巾，年纪大了应该颜色艳一点，好看且显得年轻；两瓶西洋参，补养身体；一包大红枣，冬天吃补暖；一包香菇，多吃菌类可提高免疫力。"她那时还在带研究生，并担任行业协会会长，工作那么忙，还不忘记我这个老同学的生日，使我真切地感受到情谊无价、姐妹情深。文芳不仅关心我，还关心我的家人。2013年，我的儿媳妇想报考中国科学技术大学MBA工商管理在职研究生。她知道后打电话对我说："学习是好事，你们要支持。"后来在她的积极帮助协调下，我的儿媳妇顺利地报上了名,并通过考试被中科大工商管理学院正式录取。录取后需每个月集中四到五天时间到中科大上课。从南京到合肥,住宿吃饭就成了问题。此时,文芳就承担起了照顾我儿媳妇的义务。她出钱将我儿媳妇安排在中科大工商管理学院招待所。招待所与教室仅一楼之隔,既安全又方便学习,帮助我儿媳妇顺利地完成了学业。两年多时间,招待所的住宿费用是一笔不小的开支,每当我提出要还给她这笔钱时,她总是笑着说没有多少钱,劝我不要放在心上。这种只有在亲人间做的事,她却在我这个老同学身上做到了。她就是这样细心周到地体贴、关心、帮助我及我的家人,怎能不让人为之感动和感激呢?

文芳不仅关心帮助我及我的家人,也关心帮助其他老同学及老师。据我所知,她每次回启东老家探亲,总要挤出时间看望母校的老师——徐乃华书记、王来庭主任、李鹏年、宋伯涛等老师,并与汇龙镇的老同学聚聚。每次看望老师、老同学,她都会送上数量不等的慰问金或补品等。当她得知我们班有一名同学身患重病(二次换肝)时,就到他家里去看望,送上慰问金,并安慰、鼓励其与疾病作斗争;得知另一名男同学生病及一名女同学腿骨折行动不便,她也都上门看望并送上慰问金。文芳作为一个大学教授,经济上并不算太富裕,平时生活很节俭。有次她给我发微信说:"抽屉里放满了毛衣,起球的、假毛的,都舍不得放弃。我们这辈人啊!"由此可见,文芳是个生活上不追求享受、处处节俭的人,可是她在我身上、在老师和同学面前是那么慷慨大方。这是她对老师和同学的一片深情厚谊,是她高尚人格的充分体现。

2014年7月,文芳与上海的几个老同学聚会,商议在2015年举办启东中学高三(2)班毕业五十年同学聚会。此建议得到了大家一致响应。聚会后文芳立即投入了筹备工作。首先她寻找多年失散或不常联系的同学。当年有个同学没有考取大学对参加聚会有思想顾虑,文芳打电话做思想工作,诚恳地邀请其参加。在她的感召下,这个同学愉快地参加了同学聚会,并成了同学微信群的活跃分子。为此,他非常感谢文芳使他回到了高三(2)班这个集体中。其次,她自掏腰包赞助1万元(其他同学参会交500元),为参加聚会的同学选购礼品。她像组织国际大型会议一样认真，亲自审定聚会议程，安排会务。在她的努力下，同学聚会于2015年4月如期进行，聚会办得很成功，几十年未见的老师、同学相见，大家激动万分！文芳念念不忘老师和老同学，利用聚会的间隙，带领部分同学看望了年事已高的王来庭主任及一名因病不能参加同学聚会的杨翠英同学。可是有谁知道此时的文芳已经确诊得病，她是带病参加的同学聚会啊！她为了办好这次同学聚会，付出了很大心血。为不留遗憾，不使同学们失望，她隐瞒了病情，坚持带病参加，这是常人难以做到的啊！一件件，一桩桩，她对老师和同学的关心和帮助，都体现了她的善良、真诚、热心。

我最后一次见文芳是在2014年11月1日她的生日宴会上，有很多同学去参加，我在会上也发了言。2015年同学聚会，因为我有要紧的事没有参加，她也没有参加，估计她在广州看病。我后悔的是虽然我们一直微信联系着，但她生病的三年我不知道，一直没有去看她，这是我最可惜的事情。今年正月初二同学在微信群里群聊，大家很开心，有一个同学说好长时间没见施文芳了，我给他解释，说施文芳忙得不得了。我给施文芳打电话，手机是通的，但没人接。我从十一点三十分开始给她打视频，她也不接。下午五点多，我又打她电话，还不接。那一天我不知道联系了她多少次，都没有消息。我觉得情况不妙，给她发短信，要她赶快给我回复。晚上十点，他的弟弟给我回复说小姐姐病危了，已经三年了，我当时觉得就是一道晴天霹雳。我不明白文芳为什么不告诉我呀，我可以去看看她。弟弟说："不要来了，不要来了，就在这一两天了。"这个大年初二的晚上我一夜没睡，早上六点多，她弟弟短信来说姐姐去世了。

在南通的第二次同学聚会前，她讲得好好的，26日到启东，28日去看中学的老师，29日到南通参加同学聚会，后来她却说要到广州给丈夫做白内障手术，来不了了。我说你不去的话大家会遗憾的，我要她给同学们解释一下。她给我发来了照片，也把这些照片发在同学群里了。我根本没有想到她是一直病着，走得这么快。后来瞿保钧对我们说，施文芳一直不让他告诉我们，只说等她的病好了以后去看我们。回顾我和文芳几十年来相处的点点滴滴，我深切地感受到她是一个多么勤奋敬业、奋发拼博、事业心特别强的人；是一个多么干练、稳重、有魄力、组织领导能力特别强的人；是一个多么正直、善良、有思想、有信仰、充满正能量的人；是一个多么热情、真诚、关心帮助他人、不计回报、乐于奉献的人；是一个多么善解人意，特别重情重义的人。文芳虽然只比我大八天，但我习惯依赖于她，始终把她当成我的姐姐、良师益友和学习的榜样。长期以来，我所有的欢乐、烦恼及家庭琐事都会对文芳讲，她也总是能及时给我开导、安慰、鼓励，给我力量。文芳的离世犹如晴天霹雳，使我心痛、后悔不已。而今我们阴阳两隔，但我有很多话要对文芳倾诉。我后悔自己得知你病情太晚，没有及时看望你陪伴你，这是我一辈子最大的遗憾。你生前处处替别人着想，我理解你怕我担心着急而不告知病情。可是你要知道，你是我生命中不可或缺的人，是我最信赖的朋友，你的突然离世让我无法接受。古话说"滴水之恩当涌泉相报"，可我还没有来得及报答你啊！你生前对我及家人的关心和帮助，我牢牢地记在心里。如果有来世，我们继续做好同学、好朋友、好姐妹。文芳，希望你在天堂好好休息，保重身体。你生前总是那么繁忙，工作节奏快、日程安排满，超负荷运转，你的身体早就透支了。你辛苦忙碌了一辈子，现在好好歇歇吧！文芳，希望你少操点心，多关心一下自己。你生前关心同学、同事及家庭里的每个人。你操心丈夫保钧的身体，操心没有工作的农村大嫂的养老，在患病期间为父母做家庭纪念册，操心小辈的家风传承……你操心了每个人，唯独忽视了你自己。你这种精神既让人感动又让人心疼啊！少操点心，多给自己一点爱吧！文芳，明年我们高三(2)班要进行第三次聚会，我多么希望你能来参加。你是学生领袖，是我们班的核心人物，你是我们高三(2)班的骄傲，是我们学习的榜样。缺了你，聚会会逊色。有你参加，同学们会更加高兴，聚会会更加成功！

  文芳，我希望能常在梦中见到你，我要向你倾诉我的思念，分享我的快乐！我永远怀念你！

注：回忆者施瑞香是施文芳的中学同学、闺密，南京市委组织部青年干部处原处长、南京市人大常委会人事代表委员会原副主任、南京市房产管理局原党委副书记和纪委书记。

人生路途中有阳光型心态，就有阳光般历程，施文芳教授一路走来把坎坷化作动力，总是在微笑着前行。

即使奔波再远也恋着遮风的港湾，她爱幸福的小家，也爱施、瞿两个家族，掏心又掏肺，是整个大家族中的主心骨，许多人因为她的存在而生活得更美好。

同学之情，师生之谊，亦师亦友相依相伴、共克难关、同创辉煌。

在事业上她更是勇于创新，呕心沥血只为奉献，其创建、发展中国辐射固化协会所取得的业绩引世界瞩目。

图1 1959年小学毕业照
图2 1970年大学毕业照
图3 1985年10月到英国牛津大学参加高分子会议

4	6
5	7

图 4 1993 年 5 月北京中国辐射固化协会第一届成立大会上当选首任秘书长
图 5 1993 年 5 月瑞典皇家科学院，感恩导师朗比教授
图 6 1994 年 11 月瑞典皇家工学院博士论文答辩
图 7 1999 年 11 月儿子瞿欣博士论文答辩会后来自恩师朗比教授的祝贺

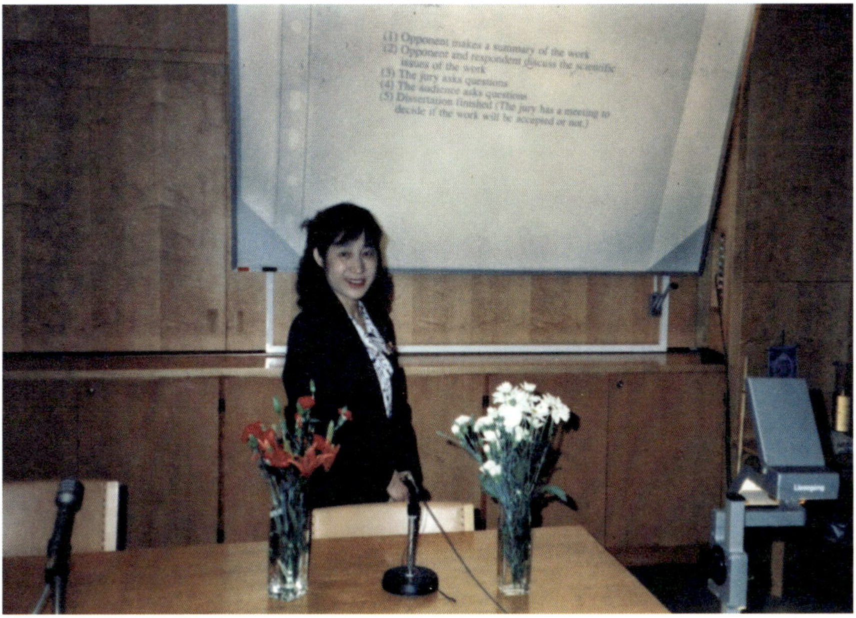
(1) Opponent makes a summary of the work
(2) Opponent and respondent discuss the scientific issues of the work
(3) The jury asks questions
(4) The audience asks questions
(5) Dissertation finished (The jury has a meeting to decide if the work will be accepted or not.)

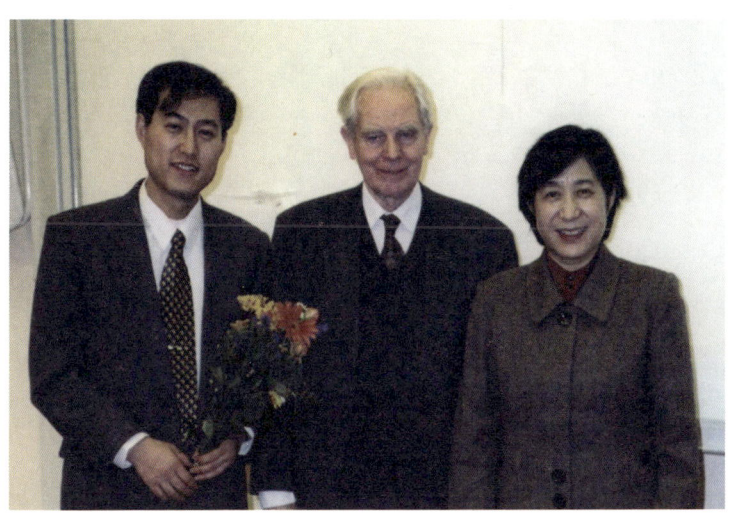

图 8 2000 年 5 月黄山国际会议,获得瑞典皇家工学院理学博士学位的六位中国学者与瑞典导师朗比教授和系主任 Albertsson 教授合影
图 9 2001 年 5 月安徽黄山国际会议中科大光交联和光固化博士研究生团队
图 10 2001 年中科大辐射固化办公室

2005 徐刚 邹剑华 梁红波
徐萧 A.Asif

2005/07/01

11	13
12	14

图 11　2003 年 3 月施文芳夫妇比翼双飞同为中科大博士生导师，二级教授
图 12　2005 年 7 月中科大辐射固化实验室徐刚等五名学生同时获得博士学位
图 13　2007 年 5 月上海中美辐射固化协会签署合作协议
图 14　2007 年 5 月上海主持第三届中国国际辐射固化技术产品展览会

从左至右是：
瞿　欣（博士，1999）
瞿保钧（博士，1993）
施文芳（博士，1994）
高　宇（本科，2002）

15	17	18
16		19

图15　2009年10月安徽黄山辐射固化国际会议与研究生合影
图16　2009年12月中科大西区校园
图17　2009年主持辐射固化技术高级研讨会
图18　2010年4月广西北海主持中国辐射固化年会
图19　2010年7月兰州主持第二届海峡两岸辐射固化技术研讨会

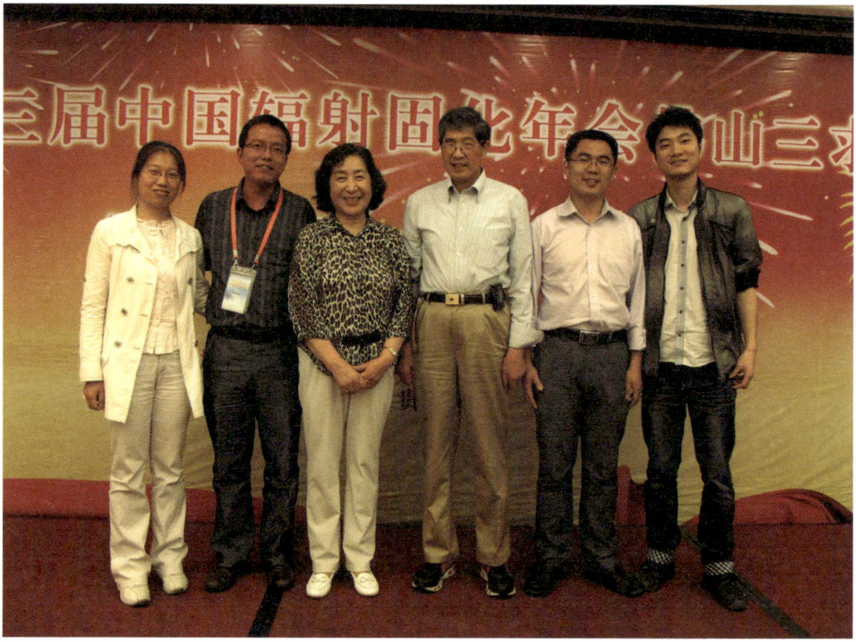

20 | 22
21 | 23

图 20 2012 年 5 月贵阳“第十三届中国辐射固化年会”与研究生合影
图 21 2012 年 5 月主持辐射固化年会
图 22 2012 年 9 月合肥“第二届国际辐射固化产业发展论坛”会务组
图 23 2013 年 5 月故地重游儿子出生地——邯郸林村

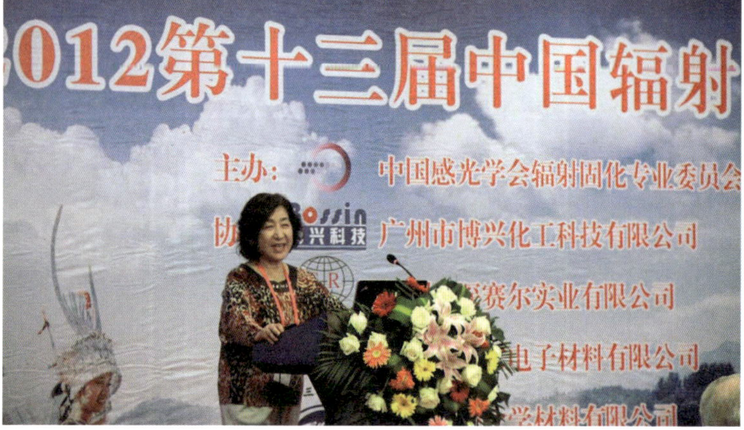

邯郸林村

第十三届亚洲辐射固化国际会议
暨第五届紫外光/电子束固化材料、设备及产品展
THE 5th CHINA INTERNATIONAL RADTECH EXPO (IRTE
2013 年 5 月 22 — 24 日 May 22 —

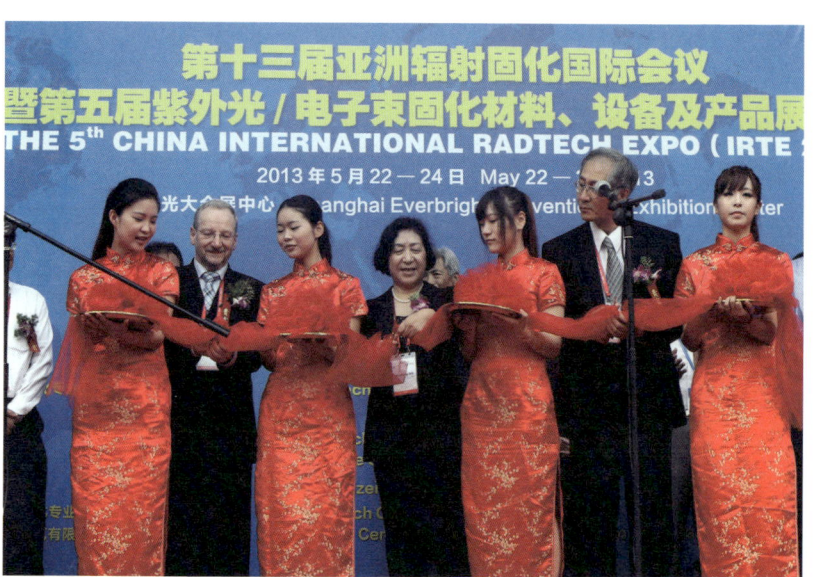

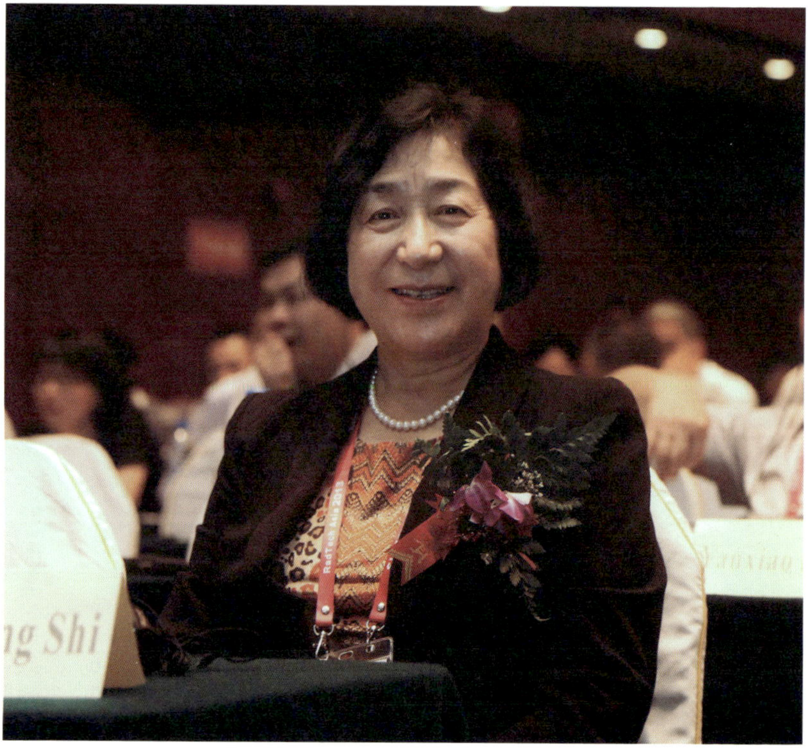

24	26
25	27

图 24　2013 年 5 月上海作为亚洲辐射固化协会主席主持会议开幕剪彩仪式
图 25　2013 年上海召开辐射固化国际会议上
图 26　2014 年 3 月 22 日与光交联实验室的部分博士相聚在一起
图 27　2014 年 5 月成都辐射固化年会交班告别致辞

图 28 2014 年元旦合肥科大花园家
图 29 2017 年 7 月 22 日来自全国各地的八名学生到合肥科大花园家看望老师
图 30 2017 年 7 月南京

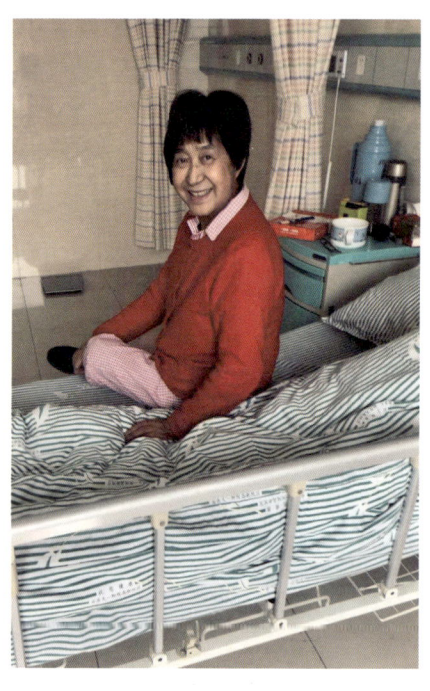

图 31 2017 年 11 月 11 日合肥安徽医科大学一附院高新区
图 32 2017 年 12 月 15 日合肥科大花园：热爱生活，热爱家
图 33 2018 年 1 月 1 日科大花园家中

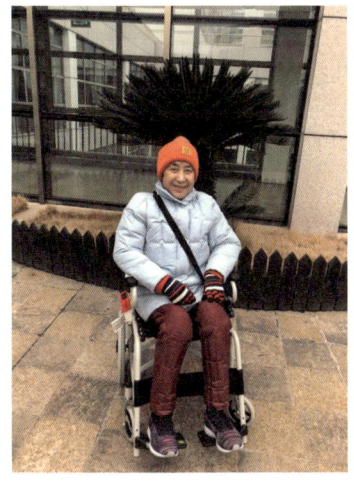

图 34　2018 年 1 月 14 日广州施笛霞和施页蓉全家为小姑妈送行
图 35　2018 年 1 月 23 日合肥安徽医科大学二附院
图 36　2018 年 1 月 28 日合肥安徽医科大学二附院

后记

2020年4月的一天，中国旅游景区协会创意策划中心主任、上海施文球创意策划工作室创始人施文球先生与笔者联系，郑重委托笔者为她姐姐施文芳女士撰写一部人物传记。这是她的同事、学生以及家族酝酿已久的一个心愿。施文球先生与笔者交流了很久，言语中透露出他对姐姐的钦佩、怀念和深切的感情。当下，笔者脑海里勾勒出对施文芳女士的第一印象——她是一个好人。

施文芳教授是在国内高分子化学界取得较高成就的科学家和教育家。笔者对这一行业并不熟悉，不敢贸然答应。随后，施文球先生与笔者多次深入交流沟通，并提供相关资料给我参阅。施文芳的人物形象渐渐丰满，我被施文芳女士的人生经历和奋斗精神所打动，也为施文球先生和他家族的浓浓亲情所打动，决定尝试进行写作。经过近半年采访和编撰，一部十余万字的人物传记《阳光下的聚合人生 施文芳传》终于脱稿。全书以施文芳女士的成长经历为主线，分"家世篇""成长篇""婚恋篇""教学篇""科研篇""家庭篇""晚晴篇""缅怀篇"八个篇章展开，每篇前用施文芳的微信"早晚安心语"引领。传记通过真实再现施文芳女士平凡而又伟大的一生，深度刻画了其"大善予人""坚韧与生"的崇高人生观和高尚品德，表达了当代中国科学家"科教报国""产业报国"的爱国主义精神。其积极的现实意义，不仅仅局限于传播一个人或一个家族的励志故事，更折射了中国辐射固化行业从无到有、从小到大的发展历程，并且成为科学家群体和科学精神的一个缩影。

在写作过程中，我得到了施文芳女士众多亲友的帮助。主要参阅资料有：施氏姐弟2017年为父母编撰的《施宗乔先生、张志兰女士诞辰百年纪念册》，施文冲先生2020年编撰的《江海之女——施文芳教授纪念集》，西安泰踪企业文化传播有限公司2020年组织撰写的《文馨德扬 芳华硕果——中国科学技术大学教授施文芳的出彩人生》文稿，施文芳之子瞿欣在天堂网建立的施文芳教授网上纪念馆，在此一并鸣谢！施文芳女士去世后，海量的唁函唁电和纪念文章，从另一个角度客观反映了她的人格魅力和巨大影响力。书中收录了部分唁函唁电，以及她丈夫、儿子、孙女、生前好友的4篇追忆文章，并整理施文芳大事年表和主要科研论文专著名录，希望能够更全面真实地反映施文芳的生活与事业成就。

本书名"阳光下的聚合人生 施文芳传"一是准确描绘了施文芳积极向上的阳光形象和为人处世的包容力，二是交代施文芳毕生从事的高分子化学辐射固化事业，三是寓意施文芳在党和国家的阳光下成长的大环境，光的聚合，成就精彩。

谨以此书，向施文芳教授致敬，向勇攀科学高峰的中国当代科学家群体致敬！

张华兵

2021年5月